rafenew.world
The Book

Episode IV
Part One

RAFENEW.WORLD

THE BOOK

EPISODE IV

PART ONE

rafenew.world - The Book Episode IV Part One

Bibliografische Information der Deutschen Nationalbibliothek:
Die Deutsche Nationalbibliothek verzeichnet diese
Publikation in der Deutschen Nationalbibliografie; detaillierte
bibliografische Daten sind im Internet über
dnb.dnb.de abrufbar.
The noto-emoji font is licensed under the SIL Open Font
License, Version 1.1. available at http://scripts.sil.org/OFL.

© 2020 Röthlin, Raphael
Herstellung und Verlag: BoD – Books on Demand, Norderstedt.

ISBN: 9783751999526

For Mom and Dad.

It's like that thing he told me Jon Bon Jovi said: No man is an island.

Martin Brewer
«About A Boy»
(2002)

PROLOGUE

This book is first and foremost a vanity project. Build a house, plant a tree, father a child. Having done none of the above, stuck with a good job I no longer know how to appreciate, alone with no idea what to aspire to, the least I could do – besides doing nothing at all – was to do the next best thing: Write a book. So why not just publish a bunch of movie reviews I've written over the last fifteen-odd years for my blog rafenew.world? You can find them online, too – among a whole lot of other things – by scanning the QR Code that comes with each article, right next to my blood-drop-based rating system (more ♦♦♦ are better).

If I know anything – it's cinema. The one thing I've really been caring about all my live were movies and – in a more general sense – storytelling in the context of the human condition.

My own personal defining movie experience must have been the «Star Wars» Trilogy: Watched in the wrong order, on some rented tapes played on my childhood friend's family's VCR. Nonetheless I was fascinated by the fantastic world and the inspiring stories I was witnessing on the small screen. I'd never had experienced anything like it before. Still a foolish child, but some years later, I realized this guy I was just watching in the never-ending film «Doctor Zhivago» wait, wasn't that... that's Obi Fucking Wan Kenobi, or isn't it? Of course it was: Sir Alec Guinness. Silly as it seems today, that moment was a milestone for me: I became meta. I learned to watch movies in the context not only of their time, but in relation to their history, their creation and their cultural environment. I was hooked.

It took me almost twenty years to realize where that fascination came from and get a grasp of the whole hero's journey thing and how it might explain a whole lot of stuff I'd been struggling with way beyond my teenage years. I won't go into details here but I cannot phrase it better than how I already did in the review of «Avengers: Endgame» that you'll find in the first chapter of this book.

As a socially awkward nerd – an outsider – the concept of storytelling and the sheer amount of useless movie trivia I gathered over the years gave me some sense of connection to society in times when I needed it the most.

Finding joy in the process of writing, I started a website. In the beginning it was called nidwirkli.ch (which translates to «not really» as in «escapism») where I referred to myself as «Host» (a name that will come up a lot in chapter two). Some time later, rafeman.com became my homebase. Finally, when adopting the blog-format a few years ago, the site became rafenew.world which pretty much brings us to where we are now.

If you're anything like me – a lost soul, feeling a tad too creative for your own good, in a world that doesn't seem to understand – there's hope that you'll find something in this book to connect with.

We might all be alone, but we're not alone alone.

CONTENTS

CHAPTER ONE: MY EYES ARE OPEN

TENET. 16

Terminator: Dark Fate 19

Ad Astra 20

The Devil's Advocate 22

Planet Terror 26

Once Upon a Time in... Hollywood 29

Spider-Man: Far From Home. 31

Avengers: Endgame. 34

Captain Marvel. 38

Alita: Battle Angel 41

A Quiet Place 43

A Star Is Born. 44

Birdman 45

Roma. 46

Glass 48

Black Mirror: «Bandersnatch» or why I broke up with Netflix 50

Aquaman. 52

Mad Men. 55

Bohemian Rhapsody 56

Marvel's Daredevil Season 3. 60

Venom. 62

Marvel's Iron Fist Season 2. 64

Ant-Man and the Wasp. 66

Solo: A Star Wars Story. 68

Mr. Robot 70

Basic 72

V for Vendetta 75

Avengers: Infinity War 77

Jessica Jones Season 2 79

Ready Player One. 81

Dunkirk. 82

Darkest Hour 84

Lady Bird 85

Get Out 86

Three Billboards Outside Ebbing, Missouri 87

The Post 88

The Shape of Boring 89

Black Panther. 90

Star Wars: The Last Jedi. 92

Justice League 93

Thor: Ragnarok 94

Binge-worthy series in October 2017. 95

Blade Runner 2049 98

Valerian and the City of a Thousand Planets 99

Oats Studios 100

Iron Fist 101

Spider-Man: Homecoming. 102

Wonder Woman. 104

Alien: Covenant 105

Guardians of the Galaxy Vol. 2. 106

Ghost in the Shell. 107

Gantz:O. 109

Logan. 110

Morgan 111

The Neon Demon. 112

Star Wars: Rogue One.................................. 116

High Rise 117

Doctor Strange 119

The Nice Guys 122

Inferno 123

Luke Cage 124

Star Trek Beyond..................................... 126

Independence Day: Resurgence........................ 129

Drive 132

X-Men: Apocalypse 136

Manhattan 139

The First Avenger: Civil War 140

Deadpool... 142

Daredevil Season 2 143

Batman v Superman 145

Whiplash... 146

The Force Awakens 147

Bond 24.. 148

The Martian 149

Mission: Impossible – Rogue Nation 150

Ant-Man 151

Jurassic World 152

Tomorrowland 153

Ex Machina... 154

Mad Max: Fury Road.................................. 155

Avengers: Age of Ultron 156

CHAPTER TWO: LIKE TEARS IN RAIN

Jarhead 158

Thank You For Smoking 160

Miami Vice 164

Superman Returns 166

Pirates of the Caribbean 2 – Dead Man's Chest 169

X-Men 3 171

The Da Vinci Code 175

Mission Impossible 3 176

Stay 177

Inside Man 181

Syriana 184

Lord of War 188

Capote 190

Brokeback Mountain 194

Walk the Line 198

Saw 2 201

Munich 204

Match Point 205

Grounding 209

Good Night, and Good Luck 212

King Kong 215

The Chronicles of Narnia 218

The Exorcism of Emily Rose 222

Broken Flowers 225

Elizabethtown 228

Harry Potter and the Goblet of Fire 231

Kiss Kiss, Bang Bang 234

The Legend of Zorro 236

A History of Violence 238

Wallace & Gromit in The Curse of the Were-Rabbit 240

The Brothers Grimm 243

Snow White 246

Nochnoj Dozor - Night Watch 248

Stealth 250

Cinderella Man 252

Crash 255

Land of the Dead 257

Sin City 259

Charlie and the Chocolate Factory 261

The Island 265

Fantastic Four 269

Kingdom of Heaven 273

War of the Worlds 278

Mr. & Mrs. Smith 282

Batman Begins 285

The Hitchhiker's Guide to the Galaxy .289

Star Wars: Episode III 292

Kung Fu Hustle 294

Sky Captain and the World of Tomorrow 296

The Life and Death of Peter Sellers 299

The Merchant of Venice 303

The Life Aquatic with Steve Zissou 308

The Terminal 310

Der Untergang 312

Hellboy 316

Collateral 319

The Village 322

The Chronicles of Riddick 324

Dawn of The Dead 327

Harry Potter and the Prisoner of Askaban 329

The Day After Tomorrow 331

Kill Bill Vol. 2 334

21 Grams 336

Troy 338

American Splendor 339

Van Helsing 340

Runaway Jury 341

Starsky & Hutch 343

Big Fish 345

The Passion of the Christ 348

School of Rock 351

Scary Movie 3 353

Monster 354

Lost in Translation 356

Paycheck 358

The Matrix – Revolutions 360

Kill Bill Vol. 1 362

Intolerable Cruelty 363

Freddy vs. Jason 364

Bad Boys II 365

The League of Extraordinary Gentleman 367

Identity 369

Pirates of the Caribbean 371

Matchstick Men 372

The Matrix – Reloaded 374

Confessions of a Dangerous Mind 376

CHAPTER ONE

MY EYES
ARE OPEN

2020 – 2015

TENET

Premiere: 26. August 2020
Director: Christopher Nolan
Cast: John David Washington, Robert
Pattinson, Elizabeth Debicki, Aaron Taylor-Johnson

28. August 2020

...TENET of review this of part first the do algorithm some let and code the up start let's so, today it feeling not I'm. review very This? too, heart lacks what know You.

late too payoff little too with work like much too way feeling – heart and elegance lacks movie the end the in But. well really does normally Nolan that stuff good that all – clever, ambitious, interesting be might TENET, Sure.

starts part second the once care really even to boring too way it's but, story the up set to way necessary the be might measure good for idea the repeating and devices-plot some planting, concept the explaining of part first whole The. ticket? (movie a for line in wait to had one when days the Remember). itself movie the see to line in waiting prolonged like feels Which. idea the to adjust audience the let to runtime the of part big really

a invest to has movie the abstract so is recursion of concept
underlying s'TENET that is problems the of one think I.

cast (the considering, disappointing rather was acting the especially) shtick its on heavily too relying than other quality much
without ass own its up far too just It's. much so not, TENET.

«Darko Donnie» or «Primer» like plot the follow can who
anyone flatter they crafted-well but complex so are that
ones the and hand one on «Endgame: Avengers» or ones
«Terminator» good the, «Future The To Back» like details
practical the into get to bother don't that ones the probably are stories traveling-time best The. pretentious even
– good own its for ambitious too, messy gets it, enough
down dumbed not if that, is are (films travel-time most
guess I which (movies concept high with problem The.

all at me for work didn't movie the But. time long, long a
in experience theatrical first my it's since especially, love
to liked really, really have would I movies those of one It's:
way good a in not but, speechless me let, Movie The-Gim-
mick: it call to like I as or **TENET** or as I like to call it: Gim-
mick-The Movie, let me speechless, but not in a good way:
It's one of those movies I would have really, really liked to
love, especially since it's my first theatrical experience in a
long, long time. But the movie didn't work for me at all.

The problem with high concept movies (which I guess
most time-travel films are) is, that if not dumbed down
enough, it gets messy, too ambitious for its own good – even

17

pretentious. The best time-traveling stories are probably the ones that don't bother to get into the practical details like «Back To The Future», the good «Terminator» ones or «Avengers: Endgame» on one hand and the ones that are so complex but well-crafted they flatter anyone who can follow the plot like «Primer» or Donnie Darko.

TENET, not so much. It's just too far up its own ass without much quality other than relying too heavily on its shtick (especially the acting was rather disappointing, considering the cast).

I think one of the problems is that TENET's underlying concept of recursion is so abstract the movie has to invest a really big part of the runtime to let the audience adjust to the idea. Which feels like prolonged waiting in line to see the movie itself. (Remember the days when one had to wait in line for a movie ticket?) The whole first part of explaining the concept, planting some plot-devices and repeating the idea for good measure might be the necessary way to set up the story, but it's way too boring to even really care once the second part starts.

Sure, TENET might be interesting, ambitious, clever – all that good stuff that Nolan normally does really well. But in the end the movie lacks elegance and heart – feeling way too much like work with too little payoff too late.

You know what lacks heart, too? This very review. I'm not feeling it today, so let's start up the code and let some algorithm do the first part of this review of TENET...

TERMINATOR: DARK FATE

Premiere: 23. October 2019
Director: Tim Miller
Cast: Linda Hamilton, Arnold
Schwarzenegger, Mackenzie Davis, Natalia Reyes

25. October 2019

When Arnold and some nice callbacks to the originals save the movie in this highly forgettable retcon-adventure, «Terminator: Dark Fate» proves that pure gender-swapping alone in an otherwise paint-by-the-numbers action flick doesn't make a women-empowering film, let alone a satisfying cinematic experience.

Badass Linda Hamilton was cool, though!

And I'd like to see more of Mackenzie Davis in a tank top.

Wow, this almost progressive text turned chauvinistic on me so fast I couldn't even spell out the obvious «TARminator» pun.

AD ASTRA

Premiere: 18. September 2019
Director: James Gray
Cast: Brad Pitt, Tommy Lee Jones, Ruth
Negga, Donald Sutherland

23. September 2019

«Ad Astra's» slow pacing and existential themes probably won't
be for everybody. But almost exactly 20 years after «Fight Club»,
Brad Pitt once again hits me where it really hurts – for completely different reasons:

The focus on life has shifted, as they say. The now middle-aged
rafeman, who – once tempted by Tyler Durden's nihilism – now
understands the suffering of «Ad Astra's» protagonist's fear of
loss, isolation and regret just all too well.

For what it is – namely an ethereal «Sci-Fi» movie – «Ad Astra»
succeeds. Surely not as gut-wrenching, spectacular nor intense as
«Project Mayhem» – but as effective and relevant a movie that's
aiming for the stars bound by its own limitations can be: Trying
to be the next «Gravity» (with George Clooney) or «Interstellar»

(without George Clooney) but ending up feeling more like the slightly disappointing «Solaris» (also with George Clooney).

But, as they also say: «Per aspera ad astra»*

*) «Through hardships to the stars». Just to get that quote in there, too.

THE DEVIL'S ADVOCATE

Premiere: 17. October 1997
Director: Taylor Hackford
Cast: Keanu Reeves, Al Pacino, Charlize
Theron, Jeffrey Jones

14. September 2019

So I guess this will be one of those articles:

I DID plan to review «It Chapter Two» but since it has become so cumbersome to catch a not dubbed movie in all its original glory in Lucerne, this will be – once again, after «Planet Terror» – one of those not-really-a-review-but-just-reminding-everybody-there-was-this-great-picture-apology-for-a-review.

This time around Taylor Hackford's 1997 «The Devil's Advocate» will be the proof that the nineties where anything but bland, mediocre or unqualified to make an impact in movie history whatsoever.

I will not be able to write anything specific about this picture, 'cause almost anything would be a spoiler to anybody who has managed to not have heard about this marvelous film. And I guess anybody who HAS seen it will have had their mind made up by now – loving or hating the shit out of it.

I just remember how I reeeeealllly loved it when I first saw it in the theatre because I didn't know anything about it and loved the surprising experience oh so much (not unlike «From Dusk Till Dawn» just one year earlier).

Aaaand... I just lost interest in writing anything more about «The Devil's Advocate» just watching Al Pacino in my most favorite movie of his (though many critics claim this movie was the beginning of the end of his career). Goodbye, thanks for reading...

One last thought: I've seen this movie time and time again, and even after more than twenty years, it still more than holds up – it's a most entertaining, thought-provoking movie you really should consider to revisit or give it a chance to view the first time around if you have the chance.

Great – just great!

♦

Note to self: Don't publish this text! It's
not ready and not any good!

Note to yourself: Too late! Nobody will read it anyway.
And the ones who will, they might appreciate the tip!

Note to self: But this article is really bad!

Me: I don't care! We've come this far. I
won't let go all this work go to hell!

I: But I have a reputation to uphold!

Me: No, you don't! Reputation implies read-
ers, you don't have those!

I: Fair enough!

Me: You sure?

I: Shouldn't we at least make some effort to wrap it all up?

Me: Well, we could. But wouldn't it be much less effort to just let it be as it is and call it intentional, maybe even clever?

I: Yeah, all right, but I won't proofread it!

                Me: No Problemo! Didn't matter the last time.

I: OK. But this is the last time we do this.

                            Me: sure!

I: OK. All I want is people to watch «The Devil's Advocate». Cause it's really…

            Me: Yeah, yeah, I know: One of our favorite movies that we almost forget it existed.

I: Yeah, exactly…

                Me: OK, Press «Publish» then?

I: OK. But it's really the last time we do this?

                      Me: Sure…

PLANET TERROR

Premiere: 21. June 2007
Director: Robert Rodriguez
Cast: Rose McGowan, Freddy Rodríguez,
Josh Brolin, Marley Shelton

7. September 2019

How fucking cool is this!? 😁

I just felt like destroying something beautiful tonight,... like my taste. So I came around to be watching something different for once right here and now and treating myself with some good ol' schlock:

«Planet Terror». (Speaking of schlock, the quality of this text will be rough, to say the least)...

«Pseudo-Schlock» I might add. While I'm not a trash-film aficiando* at all, Robert Rodriquez» contribution to the 2007 Grindhouse Double-Feature (along with Quentin Tarantino's «Death Proof») is such a B-E-A-T-I-F-U-L over-the-top homage to seventies and eighties horror-thrillers that I just cannot resist to help anyone to remember this obscure anecdote in movie-history. It came into existence with all the potential of a true

26

cult-classic – but somehow got lost in the stream of time – at least in my own personal movie-mind-palace.

You were warned, this text won't be your elaborate think-piece nor your standard might-be-funny-might-be-relevant-but-probably-not-rafenew-world-review, but I can't believe how cool the vibe of «Planet Terror» is.

More than ten years after its release the bliss of watching this (intentional) mess has gotten even more eerie and – most important – fun with time passed, given its «story», style and overall awful-wonderful goodness. (After just witnessing myself writing «goodness», I definitely won't proof-read nor edit this article more than the bare minimum, so there you go.)

So, after not making no point whatsoever, let's wrap up:

The reason I'm writing this is the simple fact that I was so surprised how good this movie holds up on DVD on my 4k jumbotron-TV, just because it's made to look like a worn out - WHOW, QUENTIN JUST ENTERED THE FRAME! WHAT A PLEASANT SURPRISE – I COMPLETELY FORGOT HE USED TO DO THIS MOST AWKWARD CAMEOS 😠 ! ...AND... HIS BALLS ARE GONE...Where was I? Oh right, the movie was made to look like crap quality, so it doesn't matter I watch it on DVD, probably event gets better that way. Second: The music is really cool: Sounds like an amalgam of Dwayne Eddie on Guitar and John Carpenter's Snake Plissken Soundtrack. But in the end, this whole article serves the sole purpose to remind anybody who likes to listen that there once was this stupid, wonderful film called «Planet Terror». «Planet Terror» – A forgettable movie that deserves to be remembered.

Nope – no proof-reading today, not even after having googled that it's spelled «proofreading». No, sir, not today...

*) My way of writing aficionado, told you this text wouldn't be perfect.

ONCE UPON A TIME IN... HOLLYWOOD

Premiere: 24. July 2019
Director: Quentin Tarantino
Cast: Leonardo DiCaprio, Brad Pitt,
Margot Robbie, Emile Hirsch

19. August 2019

Well I'll be damned if «Once upon a Time in... Hollywood» won't be triggering and offending a whole lot of people for a whole lot of reasons.

I doubt Tarantino would still be able to make his special kind of movies in today's climate if he had been creating more output on a more regular basis. His 10-picture-limit he put on himself seems to be the sensible choice to stay relevant and marketable as the cult-director he has become with his very first movie «Reservoir Dogs» in 1992. Good for him! Still got to love this quirky, slightly odd movie buff and his «fan films» he managed to weave into cinematic gold.

As for myself, I was just slightly bored during the 160 minutes runtime.

But some outstanding scenes, the classy cinematography, the great art-direction and the wonderful cast make the ticket-price for «Once upon a Time in… Hollywood» still a worthwhile investment.

In hindsight, Tarantino might be one very late addition to the «New Hollywood» of the 1970s, along with Scorsese, Nichols or Hopper. He might seem like a dinosaur today, but as far as Hollywood goes, his films sure as hell are more interesting, original and cinematic as let's say the last couple of «Jurassic Park» movies.

Still wondering though if he'll really be allowed to helm the next «Star Trek» movie in his tenth and (probably) final film and thus incorporate «Starfleet» into his own cinematic universe…

SPIDER-MAN: FAR FROM HOME

Premiere: 28. June 2019
Director: Jon Watts
Cast: Tom Holland, Samuel L. Jackson,
Jake Gyllenhaal, Marisa Tomei

13. July 2019

Who'd have thunk? There is a time after Avengers: Endgame! And it's a jolly good time!

After all the dust has settled, I must say I'm surprised to see, that even after the ultimate comic-book experience that was «Avengers: Endgame», there's still room for movies of this sort.

Of course, «Spider-Man: Far From Home» plays in a whole different ball-park, even a different league than the superhero-movie that should have ended all superhero-movies (but of course hasn't).

But that's a good thing!

Thanos may not have undone 50% of all the life in the universe, but consequently, a reset button has been pushed: It's as if all the pressure and excitement for «Endgame» has been built up and paid off so handsomely, there's now room for «smaller» comic book films, not focusing on grandeur, but on storytelling, quality, and most important: fun – well aware that there's no way to go against the humongous undertaking and experience «Endgame» was.

And I must say, they do an outstanding job at it: «Spider-Man: Far From Home» is one of the best written comic book movies in a while – the way they used a known villain (Jake Gyllenhaal at his best), marketed him as a hero and still got the curve to make the whole story work without seeming dishonest is unparalleled and probably the best thing in an overall very satisfying and entertaining movie that even would have worked without this gimmick.

Even for someone like me, who doesn't really like the very specific sub-genre of Euro-Trip-Comedies,... it was a bliss to see Spidey, or better Peter Parker, reliving all the stale tropes of the genre put against the background of the aftermath of Tony

Stark's death and the legacy it put upon him, using it as a way to develop his character.

«Spider-Man: Far From Home» is the movie I wouldn't have had the honesty to ask for after «Endgame».

It's not the movie a now matured audience wished for, but it's the movie we deserved after the scarring events in the last two Avengers movies.

Let's enjoy this refreshing, light-hearted summer-breeze – it will get cold and serious again soon enough with «Joker»...

Well done! Go see it!

AVENGERS: ENDGAME

Premiere: 24. April 2019
Director: Anthony Russo, Joe Russo
Cast: Robert Downey Jr., Chris Evans,
Mark Ruffalo, Chris Hemsworth

27. April 2019

I'm happy now.

I won't even try to understand how confused someone who's been living under a rock for the past eleven years must feel like watching «Avengers: Endgame». But this movie is not for them. This movie was made for fans – it was made for rafemen. It was made for me.

I wasn't afraid.

I wasn't worried this time around that the Russo Brothers wouldn't be able to pull it off. They went all-in with «Avengers: Infinity War» and succeeded spectacularly. With «Avengers:

Endgame» they still had everything to loose, but the pressure was off, it seems, and they delivered.

I'm not even mad.

I don't care that as a movie, «Endgame» isn't the masterpiece «Infinity War» was. By itself, it's probably not even that good a film. At times it lacks in elegance and pacing, even some of the green-screen work seems rushed and unfinished. What this movie is, is an all-star potpourri, the ultimate fan-service delivery-device. And probably one of the greatest things I've ever seen on the big screen. Where «Infinity War» was all about quality and build-up, «Endgame» is about quantity. A nostalgic, almost melancholic stroll down memory lane. «Endgame» is nothing short of the ultimate payoff for fans like me, made possible only through the hard work, imagination and most important, the heart and soul of thousands of highly talented people, creating a phenomenon never seen before in the history of cinema: A dream come true lasting for more than a decade.

I cried.

For the last ten or so years I've been witnessing something that I'd never thought to be possible as young boy in the eighties, way beyond my bedtime, browsing all of six TV-Channels over and over again looking for something fantastic, something special,... something for me. Just to be let down time and again finding out that neither «The Electric Horseman» nor «The Kiss of the Spider-Woman» had anything to do with superheroes or comic books whatsoever... The Marvel Cinematic Universe has become everything that this now grown up boy could ever wish for, and more: It has shown me that it's OK to be me: A nerd, a geek, a loner communicating first through drawings, then through websites, even a puny blog. In a cynical world I've learned to appreciate the ability to enjoy those ridiculous movies, unbelievable characters and fantastic adventures – the suspension of disbelieve truly has become my own personal superpower, giving me the opportunity to find excitement and happiness through escapism in times my depression wouldn't allow it in any other way.

Without a doubt, there will be more comic book movies to come, even from Marvel Studios. But for me, with «Infinity War» and «Endgame» an era has ended. A most spectacular and emotional cinematic roller coaster ride has come to a stop, giving me closure. And what a truly amazing, satisfying ride it was.

I'm ready now....

It's time to leave the dark movie theatre and go outside. To meet new friends, say thank you to my family and old pals and let go of even older ideas. To create new things and destroy bad habits. To make peace. To find purpose. To find love.

It's time...

It's time for me to take off those 3D glasses and open my eyes for the wonders this world has to offer, to experience whatever marvels this life presents for me to explore, embracing the good, overcoming the bad, growing into the person I am supposed to be. Not to become a superhero, not even a hero – but a good man.

~~I am rafeman.~~

I am Raphael.

CAPTAIN MARVEL

Premiere: 6. March 2019
Director: Anna Boden, Ryan Fleck
Cast: Brie Larson, Samuel L. Jackson,
Ben Mendelsohn, Jude Law

7. March 2019

Though I had been reading comic books before, I'll never forget my first encounter with «Captain Marvel»:

Well, Mar-Vell was a dude back then, and sadly about to die in the very same issue. No spoiler, there – it was right on the cover: «The Death of Captain Marvel» by Jim Starlin.

I couldn't believe what treasure I was holding in my hands, witnessing origin, live and DEATH of a superhero! «This must be a mistake!», I thought to my much younger self: Multiple grave errors must have been made to lead to this: A boy, not even seven years old probably shouldn't read this: Cancer – killing – a superhero – in a comic book? And then, all those wonderful panels featuring a plethora of dozens, even hundreds of characters, most I've never even had seen before! My mind was blown!...

...blown! With this latest «Captain Marvel» movie – not so much. Don't get me wrong. It's fine. More than fine: Brie Larson is perfect in the title role, exploring a different, younger, more grounded aspect of the Super-Heroine I've learned to respect and treasure with Gal Gadot's «Wonder Woman»*.

Also Samuel L. Jackson seems to enjoy his much bigger part and, as a bonus, two intact eyes and it works like a charm. (Even Jude Law gives me hope in proving that not everything is lost with a receding hairline not unlike my own.)

And yes, there's a cat, and Ben Mendelsohn, and that's OK, but I've honestly seen better work of both of them 🐱 .

Almost everything else in this movie seems to be falling in place quite nicely: The VFX are bombast-top-notch, of course. And music, sound and story are as solid as we've come to expect from Kevin Feige and his team.

But nonetheless, the result seems somewhat unfocused in the beginning and then, once the story gains momentum, still remains oddly flat, without much sense of drama or impact – muted, almost compressed in scope – if you will – unsuiting for a movie about one of the most powerful characters in the MCU.

I didn't want to go here in this text, but I must admit, while I don't condone the badmouthing on social media and rotten tomatoes even before «Captain Marvel» was released, it's hard to ignore that in some scenes the movie really seems to halt and announce:

«See what we've done there? Yeah girl! You go girl, YOU're our target audience! Women can be strong, too!»

That's not too bad per se, Marvel and others have done a similar thing for years, calling it «fan service», but I can't shake the impression that this time around a more focused, better movie might have gotten lost in the process. What makes this worse is the fact that it wouldn't even have been necessary: With Brie Larson as the perfect strong, female lead, no additional distracting shenanigans would have been needed, no matter what song is playing in the background...

...you'll know what I mean when you watch the movie, which you should, 'cause while «Captain Marvel» remains on the weaker side of MCU-Movies, it's still very entertaining and Brie Larson, especially sporting the iconic suit, is worth the admission price alone.

*) As much as I love Black Widow or Jessica Jones, they're in a different, minor league, compared to «Captain Marvel» or «Wonder Woman».

ALITA: BATTLE ANGEL

Premiere: 5. February 2019
Director: Robert Rodriguez
Cast: Rosa Salazar, Christoph Waltz,
Jennifer Connelly, Mahershala Ali

14. February 2019

Now I'm angry.

I didn't plan on writing anything about «Alita: Battle Angel» and just make it a quicky this time around. Or should I say «Alita: Battle Angel - Part Fu**ing One»? But nooo, they had to do this their way, didn't they!?

The unwillingness of telling a complete story in a single film really pisses me off! It's one thing to make a bunch of sequels after having delivered a successful initial film, fair enough. But until then, I expect a first coherent, finished standalone movie before the right is earned to bull pullshit like this! Not an episode, a movie!

Imagine «From Dusk Till Dawn» ending when the Gecko brothers enter the «Titty Twister». It's like having «Titanic» cut to credits after Leo's «I'm the king of the world!» speech. That's exactly what the ending of «Alita: Battle Angel» feels like. (And don't give me some pitiful casting-twist-crap, it really doesn't help your case.)

It's not like «Alita: The Setup» doesn't overstay its welcome by at least 20 minutes as it is. And I understand that the complete story of the manga it's based on would probably be too big to handle in a single movie.

But please! This is just annoying as fu*k, leaving me unsatisfied and with an empty feeling, no matter how shiny and spectacular the whole build-up process for a money-making franchise might be.

And would you pleeeease get rid of that god-awful Real 3D-technology already or at least adjust the projector's brightness properly so that the expensive CGI gets a chance to shine, for cryin' out loud!?

A QUIET PLACE

Premiere: 3. April 2018
Director: John Krasinski
Cast: Emily Blunt, John Krasinski,
Millicent Simmonds, Noah Jupe

12. February 2019

Just having learned today what «Giri choko» or «Pflichtschoko-lade» means, I realized what a lazy bastard I can be, preferring eating chocolate, pizza and McRaclette instead of writing forced movie «reviews» no one will ever read anyway.

Celebrating this new found honesty, I'm hereby introducing a new review-format for all no-time-for-no-bullshit-film-fans out there:

The «Quicky» [measured in metric pigs]:

~~Here we go, starting with John Krasinski's brillant «A Quiet Place» (Categories may vary):~~

[To find out more about the «Quicky-format» check out the online version of this review via the QR Code on top of this page.]

43

A STAR IS BORN

Premiere: 3. October 2018
Director: Bradley Cooper
Cast: Lady Gaga, Bradley Cooper, Sam Elliott, Greg Grunberg

7. February 2019

Beautiful, just beautiful! 👏

That Raccoon can direct! Who'd have thought?!

Oscars right here! Yes,... Cooper, of course... Gaga,... yep! Just keep 'em coming... Elliott? Sure,... Röuelli draa, and just keep 'em coming...

BIRDMAN

Premiere: 13. November 2014
Director: Alejandro G. Iñárritu
Cast: Michael Keaton, Zach Galifianakis,
Edward Norton, Andrea Riseborough

25. January 2019

Too lazy (and too drnk right now) to write a proper review (and don't have the time to get into details, I have to get even more drnkn in a minute), but after my «Roma» «Review» I feel that I have to show that I still have some sense of proper movie-appreriationtiaion for some to like SOME artsy-fartsy movies!

I'm just rewatching «Birdman» and wanted to let you know, that it's great and you absolutely have to watch it! Like now!!!

I problaly shouldnt wirt e this but it's really graet, where are those really grat movies now? Frget «Rpoma», watch «Birdman»! BIIIIRDMAAAN!!!

Lets get some more Oscars over here, plse, bevore «Roma» gets tehm!

Dad?! Dad!?

ROMA

Premiere: 21. November 2018
Director: Alfonso Cuarón
Cast: Yalitza Aparicio, Marina de Tavira,
Diego Cortina Autrey, Carlos Peralta

24. January 2019

To be honest, I didn't plan to out myself as a hater (again, after last year's Academy Awards disaster that was «The Shape Of Water»), but with the Oscars warming up and 10 nominations for this year's front-runner, I feel forced to reveal my two cents about «Roma – The Watching of Paint Dry».

Full disclosure: I like color. I like it in paintings, comics, in magazines, on flowers, even on vegetables: I like broccoli or pickles, which are green. Peter Jackson even colored World War I to make it more fun, for cryin' out loud!

But I digress...

Netflix» Oscar vehicle «Roma» is like Alfonso Cuarón's earlier multiple Oscar-winner «Gravity» but not set in space. And with the difference that I found «Roma – The Emperor's New

Clothes» to be boring and that I didn't like it. And it doesn't even come in color. And as I mentioned earlier, I like color.

One could state that «Roma – The CCTV Experience» is like «Children of Men», another masterpiece by Alfonso Cuarón, but not set in the future. What sets it apart from «Children of Men» is that «Roma – Arthouse, Schmarthouse» doesn't have a story. I like story; it's high up on my list of priorities: I even live in a 26 story building.

I'd even go so fare to compare «Roma – They Might Be Your Memories, But Why Should I Care?» with Cuarón's «Harry Potter And The Prisoner Of Azkaban», another great one that is entertaining and fully satisfying; unlike «Roma – Fast Forwarding Through The Second Half». I like to be entertained. And I like what I like.

In conclusion,

I wished «Roma – I Already Miss The McRaclette» was more like «Y Tu Mamá También»: I've never watched it but I heard it's great.

GLASS

Premiere: 16. January 2019	
Director: M. Night Shyamalan	
Cast: James McAvoy, Bruce Willis,	
Samuel L. Jackson, Anya Taylor-Joy	

18. January 2019

For a moment there I really thought M. Night Shyamalan was finally back for good in all his former glory. But then «Glass» got a little clumsy and lost me somewhere along the way – just to win me back in the end.

As enjoyable and original the movie might be in general, Shyamalan once again tries a little too hard for my taste, lacking the elegance of his earliest work and for that matter, the charm of

«Split», the movie that got me back on board for this one in the first place.

(In case you didn't know, «Split» and «Unbreakable» are absolutely mandatory to see before «Glass» – it's a whole thing now).

And though I love me some James McAvoy (I got so lucky to experience his wonderful stage performance as «Macbeth»), I'm sad to say, less «Horde» would have been more this time around.

All in all, revisiting Mr. Glass» Meta-Comic-Super-Hero-World (almost two decades after «Unbreakable») in the weakest but still solid part of the trilogy, is absolutely worth its admission price.

M. Night really seems to be redeeming himself lately. Let's be nice and give him just a little bit more time, he'll get there again...

BLACK MIRROR: «BANDERSNATCH» OR WHY I BROKE UP WITH NETFLIX

Premiere: 28. December 2018
Director: David Slade
Cast: Fionn Whitehead, Craig Parkinson, Alice Lowe, Asim Chaudhry

2. January 2019

For a few days I was very hesitant to watch this latest episode of «Black Mirror» where one can choose how the story goes. I don't want to work for my TV entertainment, I have video-games for that, I reckoned.

But, oh man, did «Black Mirror» prove me wrong! «Bandersnatch» showed once again that «Black Mirror» remains one of the most entertaining, innovative and original series out there, this time turning it all up to 11 and the whole «pick your own adventure» concept on its head.

But «Bandersnatch» did it in such an ingenious and jaw-dropping way that it makes most of the latest Netflix exclusives sorely stay out as the lazy, uninspired, cheap crap that they probably are (IMHO).

So after having finished all available episodes of the great «The Good Place» and «Rick and Morty» (both not Netflix exclusives, mind you) and the admittedly pretty good «The Kominsky Method», the sensible thing to do after being extremely bored out by «Bird Box», «Next Gen», Russel Brand's latest special, the publicity stunt that was «The Cloverfield Paradox» and, sad to say, even Alex Garland's «Annihilation», seems to be just leaving Netflix for a while.

(And the cancellation of the Marvel series and the rather disappointing «Star Trek: Discovery» didn't help either.)

That'll teach them...

AQUAMAN

Premiere: 7. December 2018
Director: James Wan
Cast: Jason Momoa, Amber Heard,
Willem Dafoe, Patrick Wilson

26. December 2018

The only good thing I can write about «Aquaman» is that it ends. (Which is true in more than one way; the final 10 minutes of the movie were almost enjoyable).

But since this appalling piece of crab (yes, I just wrote that) presented itself as such an offending incoherent mess, I really don't feel like making an effort here, either. So let's just open the floodgates, shall we:

Can we let the DC Extended Universe die now, please? At this point it's just intolerable cruelty.

This movie has the pacing and elegance of a very bad «Family Guy» episode.

«Uncanny Valley - The Movie»

You know you're in trouble when Patrick Wilson steals the movie. (Not that he's bad or anything, but you know, he's Patrick Wilson.)

On the bright side, «The Shape of Water» is no longer my most hated water-related film of late.

Poor Jason Momoa wasn't given anything to work with whatsoever.

You know you're in trouble when I think Jason Momoa was underused. (Not that he's bad or anything, but you know, he's Jason Momoa.)

This movie feels longer than Willem Dafoe's dong. And it's almost as painful to watch as its scene in Lars von Trier's «Antichrist».

Like watching eight awful movies in parallel – while sitting on a trident, and not the comfortable way.

You had to cram «Black Manta» into this, did you? BTW, have you even seen «Black Panther»?

You know you're in trouble when Dolph Lundgren's hair becomes the most fascinating thing in the scene.

Sicily, reaally? You don't say?!

Harry Gregson-Williams has a brother?!

Directed by James Wan does this garbage end?

Amber please stop, it Heards!

I've seen way better versions of this made by children in the winter. It's called «Snowman».

I've seen way better versions of this made by dogs in the winter. It's called «yellow snow».

I've seen way better versions of this made by my anus in the winter. It's called «shit».

Aw, just Faqu,man!

MAD MEN

Premiere: 19. July 2007
Creator: Matthew Weiner
Cast: Jon Hamm, Elisabeth Moss,
Vincent Kartheiser, January Jones

22. November 2018

Better late than never, I finally got to the end of this beautiful show yesterday and I'm still flabbergasted about just how masterfully the last season was crafted and the series' top-notch quality overall.

Though «Mad Men» sometimes tended to be on the earnest, almost (almost!) dry and depressing side of things, I've always loved the series thanks to its social relevance, the rich characters and its on-point art direction, cinematography and music.

Where other shows fail, «Mad Men's» seventh and last season feels fresh, positive and satisfying as hell and, above all, cathartic and extremely enjoyable. For a program that serious and ambitious, that means a lot!

So, for all the fans of inspiring storytelling, compelling drama, fine humor and perfect characters who have been living under a rock since 2007, check it out and proof me wrong.

BOHEMIAN RHAPSODY

Premiere: 24. October 2018
Director: Bryan Singer
Cast: Rami Malek, Lucy Boynton, Gwilym
Lee, Ben Hardy

1. November 2018

DUDE! Wasn't that the kid from «Jurassic Park»?

> WHAT!? Are you high?!

What do you think?! Pass me that bong and please stop
browsing through these YouTube videos! I'm sick enough
as it is…. WAIT! GO BACK! Wasn't that QUEEN?!

> Yeah. Their concert at Wembley Stadium. Won't
> get out of my YouTube bubble. Must have watched
> it a thousand times by now, never gets old.

Cool!

> Yeah, pretty dope!

Shame the video's kinda blurry. Someone should make a movie out of that.

Wattayamean?

You know,... just reenact the concert and film the
whole thing with the original songs, but in HD.

That's no movie!

I know, would be cool, though...

Yeah,... always wanted to make a movie.

But who would wanna watch this?

Wattayamean?

Who would pay for a ticket to see something they can get for free online?

Just millions of Queen fans, for example?!

You're stoned! You don't even know how to make a movie!

We'll find a guy to direct. Maybe even two.

Still stupid!

I got it!!!

What?

AIDS!

WHAT?! No! Really? How? Why? I'm so sorry!

NO! I mean I have an Idea! Didn't Mercury die from AIDS?

I guess. Scared me for a moment there, you asshole!

I mean Mercury was a phenomenal artist dying young. We'll just pretend the movie was a drama. A biopic!

OK?! But won't the audience notice it's just a pretense?

Of course they will. But by the time we finally get to «Don't stop me now», they'll be too mesmerized to even care a bit.

DUDE! That might even work! The only audience we'd have to deal with will be Queen fans and if we put all their greatest hits in the pic, they'll be happy. No one else will care. And the fans wouldn't want to say anything negative about the film when all it basically is, is the music of their beloved band.

Exactly my point! If we don't dig too deep, we won't offend anyone and the music will do all the work for us. We won't even have to care about realistic CGI, we'll be able to shoot almost everything on stage or in front of a green-screen! No one will give a shit about shaky crowd simulation when there's «Bohemian Rhapsody» playing over it.

Dude! We might be really onto something here. And you know what? I just thought of the perfect meta-joke to put in the movie. I know that really good blogger that will be the only one in the theatre getting the joke... We'll just have to get Mike Myers and disguise him so nobody will recognize him.

Wattareyatalkingabout? You really are stoned! But talking about actors: Who could play Freddie, anyway?

Don't worry, I know just the guy. Perfect casting, a superb actor. So good even the critics will have to say: «Not really a movie, but he nailed it!»

You mean that guy from «Borat»?

No, stupid! Have you seen «Grimsby»? Terrible, terrible idea! I'm thinking of someone much better that will surely get along nicely with the director...

OK. If you say so. But don't forget the music! It's all about the music...

Whatever. I'm hungry, let's order some pizza and watch that Wembley Video again...

MARVEL'S DAREDEVIL SEASON 3

Premiere: 10. April 2015
Creator: Drew Goddard
Cast: Charlie Cox, Vincent D'Onofrio,
Deborah Ann Woll, Elden Henson

29. October 2018

While «Iron Fist» and «Luke Cage» got canceled some days ago
I'd almost forgotten that there still was a very enjoyable Marvel
show to premiere that very same week:

«Marvel's Daredevil» might have been the first attempt of bringing one of the less spectacular superheroes in a smaller scale to
Netflix, but with season three the man without fear still remains
the best and most solid installation of all the Marvel superhero
series on the streaming service by far thanks to struggling and
evolving characters and some risk-takingly spectacular cinematic moments of storytelling and montage.

But characters is what «Marvel's Daredevil» really is all about:
The show proves that Superhero stories CAN work on a smaller

scale, as an action-infused drama, when done correctly (I'm looking at you «Gotham»).

The core of season three is all about family, legacy and relationships – old and new characters all get their chance to explore different angles of this underlying theme. And it's a bliss:

Deborah Ann Woll as Karen Page gets her own superb isolated episode which sheds light on her past, Wilson Bethel as Benjamin Poindexter («Bullseye») reminded me that a great character doesn't have to be likable and Charlie Cox as «Daredevil» proofs once again how satisfying and cathartic a tragic (super-) hero can be. But the real show-stealer (even more so than Jon Bernthal as «The Punisher» in season two) is, of course, Vincent D'Onofrio as Wilson Fisk.

D'Onofrio's wonderful, tragic, scary, phenomenal, uncanny performance as the «Kingpin» left me in awe. But even the secondary characters get a chance to shine: Foggy Nelson (Elden Henson), Father Lanthom (Peter McRobbie), Joanne Whalley as Sister Maggie and Jay Ali in the Role of Special Agent Ray Nadeem all get their chance to shine or at least support the impact of the main characters' arcs.

After having stated my doubts about the quality of Netflix' latest series in general, the fact that I usually don't take the time to list the whole cast of an ensemble by name might show that there's still hope, considering how well this season of «Marvel's Daredevil» was written, performed and crafted… chapeau! I'll take some more of that, please.

VENOM

Premiere: 2. October 2018
Director: Ruben Fleischer
Cast: Tom Hardy, Michelle Williams, Riz Ahmed, Scott Haze

8. October 2018

«Venom» surely isn't a good movie but I still kinda liked it. It's not so bad that it's good but it's a clumsy, somewhat lovable construction of uninspired storytelling, average visual effects (but pretty production design) and questionable characters saved by only one thing: Tom Hardy in the title roles as Eddie Brock and his alter ego Venom, bromancing the hell out of almost every scene they're in.

If the rumors are true, a rushed production schedule and a late decision to not make «Venom» rated R might explain this uneven mess of a movie. The end result makes it look as if the creatives decided that if they're not allowed to do a proper bloody version, let's make it silly,... like a Buddy Cop movie with a hint of

Screwball-Rom-Com sprinkled on top and some superfluous CGI action added for the studio and the uninitiated crowd.

And somehow, that worked for me. Like the «Tom Hardy Show» that was «Bronson» sans a good movie which would only distract and might take the focus off his performance.

I doubt that Sony really knew where they were going with this. But good for them they didn't try (and fail again) to copy Marvel Studios' approach and took a different way* – a strange, meandering route without any direction, purpose or destination, but still...

This silly mixed bag helps Tom Hardy's performance to stand out even more (and somehow makes it even more enjoyable) and presents «Venom» as a strange but funny, rather forgettable, but entertaining stumble of a movie.

*) «Venom's» mildly amusing second after credit scene – some minutes taken directly from their upcoming animated feature «Spider-Man: Into the Spider-Verse» – seems to confirm how truly lost they are with their remaining rights to use «Spider-Man», not knowing what the hell to do with them**.

**) At this point, I've given up trying to understand which studio has the right to which characters under which circumstances, but I doubt that cramming all the iterations of all the Spider-Men into one movie is the sensible way to go.

MARVEL'S IRON FIST SEASON 2

Premiere: 17. March 2017
Creator: Scott Buck
Cast: Finn Jones, Jessica Henwick,
Jessica Stroup, Tom Pelphrey

17. September 2018

After having joined the jolly bandwagon of critics stating that TV-entertainment is the new cinema thanks to longer runtime giving writers much more opportunities to develop their characters, arcs and storylines, I lately keep being disappointed by Netflix's (and similar) productions.

I find most of the current series either lazy, unfinished, blown-up or, even worse, boring and not worthy of my time.

Over at Amazon Prime Video the situation doesn't seem to be much better: The series I tried to commit to («Hand of God» and «Startup») where just too earnest, unfunny and bland to keep them in my queue. (I'm even going back to finally finish «Mad Men» just because it's the lighter, funnier, much better way to spend my hours commuting to work.)

Looking back now, I even wonder whether the more recent Golden Age of TV Drama has come and gone much faster than I thought (and hoped) it would. The quality just seems to have gotten lost somewhere between Kevin Spacey's infamous exit and Joel Kinnaman's gratuitous abs.

Having said that I must admit that the second season of «Iron Fist» is much more entertaining than the god-awful first season. The characters are much more likable and it's not as easy as it used to be to fall asleep during an episode (though I managed).

Shame though they threw Davos (Sacha Dhawan) under the bus by turning the best thing of season one into an arrogant, delusional prick without the tragedy or depth he deserved.

And many of the most interesting ideas in this season seem to be either an afterthought without much impact or pure build-up for season 3.

Sad.

ANT-MAN AND THE WASP

Premiere: 4. July 2018
Director: Peyton Reed
Cast: Paul Rudd, Evangeline Lilly,
Michael Peña, Walton Goggins

29. July 2018

So let's tick off that box in this year's comic book movies list – or better: ANT 🐜 off this part in the Marvel Cinematic Universe ANThology 🐜 .

I didn't ANTicipate 🐜 much and «Ant-Man and the Wasp» wouldn't disappoint. It made me laugh (not as much as the first one though) and left me fully satisfied. All in all it's pure and solid Marvel Studios ANTertainment 🐜 as good as it can be for one of their «smaller» side-projects while still hinting at some bigger role for Scott Lang to play in the grand MCU scheme of things.

I won't even address the elephANT 🐜 in the room that «Ant-Man and the Wasp» is..., it's... I got nothing there, just wANTed 🐜 to put one more «ANT 🐜 » in there. It's too hot to be clever today, I cAN'T 🐜 even bother to give too much ANTtention 🐜 to spelling in this climANTe 🐜 .

All I have is: Go see it, watch the two mid- and after credit scenes and let's leave it at that ANTiclimactic 🐜 review, OK?

Fine. Thank you. ANT 🐜 have a nice day...

🐜) Warning: This review may contain some bad insect-related puns.

SOLO: A STAR WARS STORY

Premiere: 23. May 2018
Director: Ron Howard
Cast: Alden Ehrenreich, Woody
Harrelson, Emilia Clarke, Donald Glover

1. June 2018

DAMMIT! I'M SUCH A FOOL! I just realized: I WAS THE ONLY
ONE AT THE SCREENING AND DIDN'T MAKE ANY «SOLO»
JOKE at the concession stand! That might have been a better
starter to a conversation in which I learned that an almost empty
theatre didn't really matter nowadays (in some aspect) because
movies are delivered digitally now and don't wear with every projection.

Which wouldn't make much of a difference because «Solo» isn't
any good to begin with.

Even beforehand, I had pretty much made up my mind about
Alden Ehrenreich's Han-thankful job and his more than
Han-likely success in taking over Harrison Ford's iconic role.
Ehrenreich surely didn't help but after seeing «Solo», he cannot
be made solely responsible for this disappointment of a movie.
I doubt even Mr. Ford (or Harrison, as I like to call him, though

he'd rather I wouldn't) himself could have made this Han-inspired, Han-funny wannabe Star Wars «adventure» work.

It's too generic even for a franchise as formulaic as the Star Wars universe. I haven't seen such an empty, self-serving and Han-motivated mess of jumbled together bits and pieces of canon and fan service in a long, long time. (Not unlike this very review you're reading right now.)

There were some nice ideas in there that I might have liked but they were presented in such a Han-connected way I couldn't have bothered less.

#notMyStarWars

And now a personal message to my co-worker Cello: Don't go see that movie! I can't tell you why because of spoilers. Just don't!

MR. ROBOT

Premiere: 24. June 2015
Creator: Sam Esmail
Cast: Rami Malek, Christian Slater, Carly
Chaikin, Martin Wallström

15. May 2018

Just dropping in with an important message to all the fans of awesome TV-entertainment: If you haven't already, watch «Mr. Robot»! I'm just about to finish the third season on Amazon Prime and I'm still flabbergasted on how breathtakingly good it is.

As always, I won't go into any details but don't be fooled by the fact that every season of Sam Esmail's show is basically a retelling of one or several modern movie classics...

While taking common storylines, tropes and themes and turning them upside down (or not) seems to be the basic idea, it's just a jumping-off point to dive into some really stunning storytelling, cinematography, top-notch performances and use of music and sound, reinventing the show with almost every other episode.

And while you're here, check out the new trailer for «Bohemian Rhapsody», Rami Malek's take on Freddie Mercury. I'm not sure yet if I like the idea of this «Queen» biopic, but if Malek really gets his teeth in it, he actually might be able to pull it off.

BASIC

Premiere: 28. March 2003
Director: John McTiernan
Cast: John Travolta, Samuel L. Jackson,
Connie Nielsen, Tim Daly

11. May 2018

Was zum Teufel war denn das? Ich gebe zu, ich mag (gute) Filme
mit militärischem Hintergrund. Allzu leicht lasse ich mich meist
von diesem Gefasel über Kameradschaft und Pflichterfüllung
einlullen. Nur schade hat dieser Film aber auch gar nichts mit
dieser Thematik zu tun. Es sollte ein Film mit überraschenden
Wendungen und einem «The Sixth Sense»-Ende werden.

Das ist er auch geworden, nur dass dabei die gesamte Logik und
Nachvollziehbarkeit der Geschichte flöten geht. Der Handlungsverlauf, bei dem in verschiedenen Versionen immer wieder die
gleiche Geschichte erzählt wird, ändert seine Richtung so oft,
dass man als Zuschauer gar nicht mehr mitkommt. Ich finde, den
Hauch einer Ahnung zu haben, wo man in der Geschichte gerade
steht, ist doch irgendwie ganz nützlich. Das alles ginge ja noch
und wäre als grundsätzliche Idee nicht zu verachten. Nur leider
macht das ganze Verwirrspiel am Ende gar keinen Sinn innerhalb
der Story; Zwar wurde das Ziel erreicht, indem der Zuschauer an
der Nase herum geführt worden ist. Doch betrachtet man diese

Scharade aus der Perspektive von z.B. Connie Nielsens Charakter, war das einfach nur viel Lärm um nichts.

Nichts gegen die Spannung im Film. Die Story ist spannend erzählt und abwechslungsreich gefilmt, Travolta und Jackson spielen gewohnt lustvoll und scheinen echt Spass an ihrem Job zu haben, was in ihrem Schauspiel auch angenehm rüberkommt. Leider ist man meist so verwirrt, dass man sich gar nicht mehr um die eigentlichen Sprünge zwischen falscher Fährte und Wahrheit kümmert und versucht, die Handlung irgendwie in ihren Grundzügen zu verstehen.

Nachdem ich fast alle Hoffnung verloren hatte, wechselte der Film am Ende übrigens noch einmal in eine ganz andere Richtung. Am Schluss kam mir der Film vor wie eine von Tarantino inszenierte Version von «Mission impossible». Das ganze fand ich irgendwie amüsant: Als hätten die Filmemacher von «Basic» erkannt, was sie da für einen Schrott produziert hatten und sich entschlossen, noch mal 5 Minuten Nonsense anzuhängen. Diese 5 Minuten blieben mir in positiver Erinnerung, weil dort irgendwie die Selbstironie, die im Rest des Films fehlte, nachgeholt wurde. Dieses Ende im Aktionspack mit Travolta's genussvoll-süffigem Spiel ist vielleicht grade mal das halbe Kinoticket wert. Aber man sollte den Film trotzdem im Kino sehen, denn auf DVD und im TV würde man so was nicht bis zum (schönen) Ende durchstehen.

Eine Theorie zum Abschluss:

Ich vermute, im nächsten Halbjahr werden noch einige solcher abstrusen Filme im Kino erscheinen, die an sich keinen Sinn machen. Es könnte sich dabei um ein Multi-Feature-Projekt handeln. Mehrere solcher Filme bilden zusammen ein Netzwerk von verwirrenden Geschichten, die nur Sinn machen, wenn man sie in Zusammenhang mit den anderen Werken betrachtet. Schliesslich ist es beim zweiten Teil von «Matrix» auch nicht viel anders. Wenn wir gerade davon sprechen, vielleicht IST «Basic» ein Teil von «The Matrix» und... so, jetzt ist es wohl an der Zeit, meine Pillen zu nehmen.

Archives | First published: September 24, 2003

V FOR VENDETTA

Premiere: 15. March 2006
Director: James McTeigue
Cast: Hugo Weaving, Natalie Portman,
Rupert Graves, Stephen Rea

5. May 2018

Remember, remember the 5th of November.

Wohlan, wohlan. Was war es, wovor ich den willkommenen Web-surfer zuvorkommend warnen wollte? Wahrscheinlich war es die zu erwartende Verwirrtheit des Lesers verwurzelt in dem wohl etwas ungewohnt wohlwollenden Fazit, welches ich dem Film «V for Vendetta» vermache. Ich weigere mich nicht, mich gegen den wahrscheinlich zu erwartenden Vorwurf einer ungewöhnlich warmen und den Wachowskis gegenüber wohlgesinnten Wort-wahl zu erwehren, trotzdem will ich versuchen, meine vielleicht wankelmütig anmutenden Phrasen, welche in wahrlich wunder-samen Widerspruch zu meinen sonst favorisierten Verrissen ste-hen, zu verteidigen. Vorgreifend will ich jedoch wohlweislich ver-sichern, dass kein Wort dieses «V for Vendetta» feiernden Fazits den Sphären der Unwahrheit entfleucht, sondern dieses Votum

tief in den Weiten meines sich vor phantastischen Werken ver-
beugenden Wesens verwurzelt ist.

Ich verbeuge mich vor der phantastischen visuellen Vereinigung
von kritischer Vehemenz und filmischem Schaffen dieses Werkes
und verfalle sogleich gewillt in einen Lobgesang für H. Weaving,
der wiederholt im Vorhaben reüssiert, die gesamte Besetzung
zum Final dieses filmischen Feuerwerks wie sich selber aussehen
zu lassen.

Gleichwohl ein wahrer Schwall von wunderbar wohltönenden
Phrasen für Madame Portman, welche andere in Hollywood
wandelnden Weiblein wie Warzen auf schwelendem Wundbrand
erscheinen lässt.

Man verzeihe mir die willkürliche Wahl, bei diesem Wortschwall
des Lobes der Form den Vorzug zu geben und nehme meine Ver-
sicherung gewillt entgegen, das nächste filmische Oeuvre wieder
in wahrhaftigerer, gewohnt verkommener Weise zu reviewen
und bis zu nächsten vergleichbaren Beweihräucherungen dieser
Art und Weise eine Weile zuzuwarten.

Archives | First published: March 20, 2006

AVENGERS: INFINITY WAR

Premiere: 25. April 2018
Director: Anthony Russo, Joe Russo
Cast: Robert Downey Jr., Chris
Hemsworth, Mark Ruffalo, Chris Evans

27. April 2018

Let's bring the Infinity War week to an end by answering the most important question: Is it any good?

Though the Marvel Studios have managed to release one feature film after the other without screwing up, they have well proven their ability to fail with some of their more underwhelming series on Netflix. So I could nothing but hope that I wouldn't be disappointed by their climactic showdown that could set an end to all the comic book movies (which of course it won't).

The chance of failure was not unlikely, given the high bar they kept raising in the last ten years and the sheer scope of the whole undertaking.

Well, we all knew Marvel Studios' lucky streak would come to an end one day – A sad day.

But that day is not today. Holy fucking moly! What a fantastic ride! Oh yes, it's good. I mean: g o o d. It's spectacular! Thank you Marvel Studios to let your first 10 amazing years end on such a high note, giving a now grown up man all the comic book movie his 9-year-old self would never even have dreamed of.

I have often claimed to regret to be too young to have seen the original «Star Wars» when it first was theatrically released. But that's a low price to pay to be alive and well today and be able to enjoy wonderful things like «Avengers: Infinity War».

JESSICA JONES SEASON 2

Premiere: 20. November 2015
Creator: Melissa Rosenberg
Cast: Krysten Ritter, Rachael Taylor, Eka
Darville, Carrie-Anne Moss

20. April 2018

After the disappointing «Defenders» and «Iron Fist», «Jessica Jones» remains one of the stronger Marvel Netflix series thanks to Krysten Ritter who really made the character her own.

I'm all in for female-driven storytelling and I guess it worked just fine. But I'm wondering if the best central conflict the creators could choose for our heroine this season really was the fear of turning into her mother? It's quite the leap from codependency, rape and trauma in the first season to this.

I'm not sure why a similar thing worked much better and more effective with Tony Stark's Daddy issues. I guess it has to do with the fact that writing a strong female superhero character is still a relatively new, even unexplored field. (Or maybe it's just 'cause I'm a bloke.)

Let's give Jessica and the audience some credit and let her do some superhero things, shall we? There must be some middle-ground to this. And there might be: Though it didn't really lead anywhere (besides avoiding the issue what might happen when the Hulk and Black Widow would «get it on»), Marvel tried it in «Avengers: Age of Ultron» when Natasha Romanoff had to deal with her inability to bear children. And she did it while saving the world.

If not, I fear that «Defenders» Season 2 will revolve around Jessica Jones' struggle to buy a pair of new jeans that doesn't make her look fat while Iron Fist tries to become a social media influencer.

Post Scriptum:

I hate to say that I probably didn't give enough credit for the fact(?) that Jessica Jones Season 2 might be less about her fear of turning into her mother than about coming to terms with a loved one losing the battle against mental illness...

Mea culpa... oh, look: Isn't that Thanos over there annihilating half of the universe just cause he's in love with a chick who happens to be frakking death itself? Men are simple...

READY PLAYER ONE

Premiere: 28. March 2018
Director: Steven Spielberg
Cast: Tye Sheridan, Olivia Cooke, Ben
Mendelsohn, Lena Waithe

13. April 2018

Didn't hate it. Didn't love it. But I might look into Ernest Cline's book. The premise sounds interesting, after all, even if this movie adaptation didn't really work for me.

At least it's nowhere near the eerie awfulness that was «Artificial Intelligence». Even the fact that «Ready Player One» made me think of «A.I.» should be a warning sign if the reason for it wasn't the part I liked most about «Ready Player One».

PS: I have a slight idea what I meant to say with that last sentence at the time of writing but I still cannot put it in proper language, even today, two years later. Sorry.

DUNKIRK

Premiere: 19. July 2017
Director: Christopher Nolan
Cast: Fionn Whitehead, Barry Keoghan,
Mark Rylance, Tom Hardy

5. March 2018

Christopher Nolan is a very cool director. He makes very cool movies. That's great for fantasy or science fiction but for a war-themed movie like «Dunkirk» his modus operandi is an unusual approach. The movie is gorgeous to look at, but if it wasn't for Hans Zimmer's excellent soundtrack, I wouldn't have felt much watching it.

Depicting war as a force of nature without any real antagonist doesn't help either. But that's not really a problem because «Dunkirk» was not made to be a war movie.

The funny thing is that while the movie might lack emotions by identification, it is still better described as a feeling than as a movie. A thing to be experienced, not watched as a traditional hero's journey motion picture (Terrence Malick comes to mind). And it does a very good job at it.

All in all, watching «Dunkirk» and «Darkest Hour» back-to-back was a lucky happenstance, making one damn fine double feature movie night with two sides of the same precious coin.

DARKEST HOUR

Premiere: 1. December 2017
Director: Joe Wright
Cast: Gary Oldman, Lily James, Kristin
Scott Thomas, Ben Mendelsohn

4. March 2018

What easily could have been a dry, boring history lesson turns out
to be a surprisingly light-footed, perfectly paced and beautifully
shot drama set around Gary Oldman's outstanding performance.
(And the Oscar for best makeup should be a done deal, too.)

LADY BIRD

Premiere: 1. December 2017
Director: Greta Gerwig
Cast: Saoirse Ronan, Laurie Metcalf,
Tracy Letts, Lucas Hedges

3. March 2018

Bittersweet coming-of-age movie with a phenomenal cast. «Lady Bird» definitely got the Oscar vibe going on but in my humble opinion takes itself a tad too seriously. (Though we would have a completely different, probably worse movie if it was anyway else.)

After all, I guess it's been too long since my high school years as a teenage girl to really appreciate this contestant.

My personal silly highlights in the movie were those tiny little moments when Saoirse Ronan stumbles over her accent. (Full disclosure: I might have fallen in love with her voice while researching on YouTube how the hell her name is pronounced.)

GET OUT

Premiere: 24. February 2017
Director: Jordan Peele
Cast: Daniel Kaluuya, Allison Williams,
Bradley Whitford, Catherine Keener

2. March 2018

Very noicce try. Jordan Peele does a wonderful job in building an interesting world, setting up solid characters and introducing us to a fantastic concept of a story that, not accidentally, reminds us of a different movie set in a similar universe which name I won't mention because of spoilers.

And there's the Problem: Unlike the not to be named modern classic, «Get Out» promises a little too much for its own good. It can't quite deliver the payoff it deserves when the movie seems to lose interest in its own story and falls flat in the last act. There might be a masterpiece in there but it just barely couldn't get out. (Yes, I just wrote that.)

THREE BILLBOARDS OUTSIDE EBBING, MISSOURI

Premiere: 1. December 2017
Director: Martin McDonagh
Cast: Frances McDormand, Woody Harrelson, Sam Rockwell, Caleb Landry Jones

2. March 2018

Oh the humanity! Thank you, we got ourselves a winner here. Martin McDonagh really knows how to make the shit out of a movie! Dark, intense, human(e).

While Tarantino might be the master of dialogue, McDonagh once again penetrates the superficiality, digs deeper and creates some of the most interesting, conflicted and flawed but sympathetic characters in film, embedded in artfully crafted storytelling as he did before in «Seven Psychopaths» and «In Bruges».

Mild spoiler: Somewhat eerie to watch Sam Rockwell paying due regard to his character in «The Green Mile».

THE POST

Premiere: 11. January 2018
Director: Steven Spielberg
Cast: Meryl Streep, Tom Hanks, Sarah
Paulson, Bob Odenkirk

27. February 2018

«Hit the big story hard!» Spielberg's latest surely isn't one of
his greatest achievements but solid enough to get out of the cold
weather and a surprisingly relevant experience given today's
state of the media industry and the current political climate at
that.

Especially interesting to see his depiction of how news were
made before distractions like computers, internet, social media
(and iFrames) got so damn important and complicated.

If anything, «The Post» excels as an inspiring reminder that jour-
nalism has to be about more than clicks, user engagement and
the occasional Raclette-Schieber.

(Shame though I still couldn't find a theater playing «Three Billboards...». The Oscars are getting awfully close now and I still
haven't found my favorite.)

THE SHAPE OF BORING

Premiere: 8. December 2017
Director: Guillermo del Toro
Cast: Sally Hawkins, Octavia Spencer,
Michael Shannon, Doug Jones

23. February 2018

I can't even... What the fuck...? and why did they...? how did this even...? And what was the fu**ing point?

Just leave me the fu!* alone. FU*K! I could have spent the last two hours so much better,... like going to the dentist,... and let him (or her, no bias there) piss in my mouth.

No – I did not enjoy «The Shape of Water».

Yes – After seeing this pretentious piece of garbage, today the world has lost the last straight man to have ever seen the appeal in musical numbers, even defended it.

No more.

N-o m-o-r-e.

TRIGGER
WARNING

BLACK PANTHER

Premiere: 13. February 2018
Director: Ryan Coogler
Cast: Chadwick Boseman, Michael B.
Jordan, Lupita Nyong'o, Danai Gurira

17. February 2018

I agree that the success of «Black Panther» (and «Get out», for that matter) is an important step in the right direction for an industry (as well as an audience) that has to redefine itself to stay relevant and acceptable today and in the years to come. Way to go!

But entertaining as it is and giving the genre a new, interesting spin once again, for a Marvel movie, the Panther seems tame, on the weaker side of things. (But I guess I'm not the main audience they where going for anyway.)

Happy though that it's my beloved Marvel Studios, now ten years in the run, that are doing the right thing (too).

This in mind, I'm looking forward to a strong female protagonist in «Captain Marvel», hoping the makers stay focused and won't overdo it because of the ongoing #meToo discussion. (Something I won't hold my breath for at this year's Oscar celebrations. Given the circumstances and having seen the nominations live-stream, I fear the Awards show will present itself chumming and even more unpalatable than usual.)

STAR WARS: THE LAST JEDI

Premiere: 13. December 2017
Director: Rian Johnson
Cast: Daisy Ridley, John Boyega, Mark
Hamill, Carrie Fisher

16. December 2017

Still blown away by my first IMAX Star Wars experience and the
funniest and most existentialist episode of the franchise. I give it
3.75 out of 5 porgs.

JUSTICE LEAGUE

Premiere: 15. November 2017
Director: Zack Snyder
Cast: Ben Affleck, Gal Gadot, Jason
Momoa, Ezra Miller

16. November 2017

Nope! Still pretty bad - on so many levels.

After the pleasant surprise that was «Wonder Woman», the DC
Extended Universe we all learned to frown upon is back in all its
glorious, messy, unfunny awfulness.

And this time it feels even more like a bad video game. Not a total
clusterfuck like «Batman v Superman», but pretty damn close.

Sad.

THOR: RAGNAROK

Premiere: 24. October 2017
Director: Taika Waititi
Cast: Chris Hemsworth, Tom Hiddleston, Cate Blanchett, Mark Ruffalo

2. November 2017

What a gem: «Thor: Ragnarok» turns out to be a colorful piece of unexpected light-hearted delightfulness oozing with forgettable stupidity and fun, shining in all the colors of a disco-dripping CGI-rainbow with some delicious Goldblum on top.

BINGE-WORTHY SERIES IN OCTOBER 2017

Premiere: Various
Creator: Various
Cast: Various

16. October 2017

After Marvel's disastrous «Iron Fist» I must say Marvel's latest Netflix series «The Defenders» surely was not the redemption all the disappointed fans had been hoping for. And since I haven't even bothered to download «Inhumans» I thought I'd try to stay positive and share some of my latest «discoveries» on Netflix:

So let's start there, «Star Trek: Discovery». Is it any good? I'm not sure yet. I was quite disappointed after the first two episodes: No sympathetic character, too much exposition talk and even more Klingon babble. But I rather enjoyed episode 4. Jason Isaacs' Captain Lorca might just salvage this property from sinking. I'll wait and see...

Now to the really good stuff: «Mindhunter» might be more form than function but I enjoyed the hell out of this crime-drama set in the seventies following two FBI agents in the early days of criminal profiling.

Maybe it's the theme of serial killers that got to me. Even David Fincher's (who produced and directed some of the episodes) «Zodiac» was mostly talking heads and even more shots of people talking on the phone, and I still loved it a lot. It must be Fincher's style that I just cannot get enough of. «Mindhunter's» cinematography, sound, music, dialogue and acting are just phenomenal, even though not really that much happens story-wise.

Then, «The Good Place» got me by surprise. I didn't know anything about it and I recommend to watch it in the same way. It's really funny, thought provoking, clever and... really funny.

I might have known that I'd like «The Good Place» because it's by Michael Schur, the same guy that created «Brooklyn Nine-Nine» another show I just binge-watch the hell out of. Just because it's funny, clever and, like «The Good Place» damn enjoyable without having the need to get «dark» as so many series nowadays do (which is not a bad thing per se. I love the good ones like «Breaking Bad» or «Mad Men» but it's nice to see, that a good series can be light AND relevant today).

Let's get over here to some adult animation entertainment (not what you think). I've seen Nick Kroll pop up a lot in the last few years in this or that movie and in even more late night talk-shows. But the Netflix version of the brilliant Broadway show «Oh, Hello», his collaboration with comedian John Mulaney, made me curious about his Netflix show «Big Mouth». This pretty dark, naughty, but somehow true and heartwarming series where «Teenage friends find their lives upended by the wonders and horrors of puberty» (IMDb) does the trick and entertained me a lot with some let's say uncomfortable themes.

Talking about «dark»: It took much too long for me to finally take a gander at «Rick and Morty». Mostly because I couldn't believe how a show seemingly drawn this crude could be that ingenious and so exactly hit my pleasure center. It's deep, it's mean, it's funny and it's full of pop-culture and science references. It's «The Simpsons» and «South Park» on steroids... or on LSD... probably both.

And it's co-created by Dan Harmon, the creator of «Community», and it shows... so there's that.

BLADE RUNNER 2049

Premiere: 4. October 2017
Director: Denis Villeneuve
Cast: Harrison Ford, Ryan Gosling, Ana
de Armas, Dave Bautista

8. October 2017

Not too bad, quite good actually. In no way, shape or form as iconic as the original, but one has to admire how «Blade Runner 2049» tries to recreate the character and look and feel of its predecessor and how it does a helluva job in doing so (the cinematography and production design are just wonderful).

The pacing gets a little slow in the second half but I might just prefer it this way in contrast to the restless editing and convoluted storytelling we get too much of these days in this genre.

VALERIAN AND THE CITY OF A THOUSAND PLANETS

Premiere: 20. July 2017
Director: Luc Besson
Cast: Dane DeHaan, Cara Delevingne, Clive Owen, Rihanna

25. July 2017

Just another very gorgeous looking, very soulless version of how Luc Besson thinks movies are made. I more and more wonder how he managed to create «Léon» where he still seemed to care about characters and storytelling (I think, at least; haven't watched it in ages).

OATS STUDIOS

Premiere: 14. June 2017
Director: Neill Blomkamp
Cast: Sigourney Weaver, Eugene
Khumbanyiwa, Robert Hobbs, Carly Pope

14. July 2017

However you may feel about Neill Blomkamp's «Chappie» (I know I was disappointed as hell). His new project creating experimental short films is absolutely worth a look.

Drop whatever you're doing right and now check out the studio's phenomenal work on

https://www.youtube.com/user/OatsStudios.

Warning: Not for the faint of heart!

IRON FIST

Premiere: 17. March 2017
Creator: Scott Buck
Cast: Finn Jones, Jessica Henwick,
Jessica Stroup, Tom Pelphrey

14. July 2017

Just realized I never got around to review Netflix' «Iron Fist»:

Yes, it sucks.

Moving on...

SPIDER-MAN: HOMECOMING

Premiere: 5. July 2017
Director: Jon Watts
Cast: Tom Holland, Michael Keaton,
Robert Downey Jr., Marisa Tomei

13. July 2017

Wow, I almost lost my wallet there at the theater! But I wouldn't have lost the money: The latest cinematic iteration of Spider-Man is well worth its admission price.

It's got heart, it has humor, it's got a great cast. And as unbelievable as is sounds, this co-production between Marvel Studios and Sony (who still hold the rights to the movie character, technically, I think) has something the «purer» MCU films had yet to deliver on: A great villain! Michael Keaton is perfect in the role (winged super-persons obviously just seem to be his thing) and his persona «The Vulture» equally satisfies as antagonist as well as a driving story-element.

Tom Holland's Peter Parker is great, too; but no surprise there. And the suits (as in «the VFX») are fun to explore but interestingly enough not as overwhelming and important as in let's say the «Avengers» movies.

So no, I don't regret to have worn my Spidey T-Shirt to work today. And yes, in the end, I found my wallet under the seat.

WONDER WOMAN

Premiere: 30. May 2017
Director: Patty Jenkins
Cast: Gal Gadot, Chris Pine, Robin
Wright, Lucy Davis

15. June 2017

Um,... Miss Woman? I wonder if you'd marry me?

[ ] Yes

[ ] No

[x] I see you more as a friend

The movie's not bad, either. All thanks to Gal Gadot. I think I'd watch her watching paint dry.

ALIEN: COVENANT

●●◐○○

Premiere: 9. May 2017
Director: Ridley Scott
Cast: Michael Fassbender, Katherine
Waterston, Billy Crudup, Danny McBride

18. May 2017

Wow! Even after all those years Ridley Scott still knows how to disappoint me. He undoubtedly created some of the greatest films ever made, but I'm sad to state that for years now, his movies feel more like Scott-free than «SCOTT FREE» productions*.

*) His production company

GUARDIANS OF THE GALAXY VOL. 2

Premiere: 25. April 2017
Director: James Gunn
Cast: Chris Pratt, Zoe Saldana, Dave
Bautista, Vin Diesel

1. May 2017

What a great Sci-Fi fantasy action comedy! I laughed my ass off
and if you're an eighties kid, you probably will, too.

In the end there was not a dry eye in the house (and that wasn't
because of the 3D glasses).

GHOST IN THE SHELL

Premiere: 29. March 2017
Director: Rupert Sanders
Cast: Scarlett Johansson, Pilou Asbæk,
Takeshi Kitano, Juliette Binoche

3. April 2017

I knew I was quite excited about this most recent adaptation of «Ghost in the Shell». But until today, I didn't really know why that was.

When I first watched the anime from 1995 I did it because I was still blown away by «Akira» and just wanted more of this kind of movies. By that time, «Ghost in the Shell» already had gotten the label of a cult classic. But I remember that after seeing it, I was a little bit disappointed (but it's still one of the very few VHS tapes I didn't get rid of). I never completely understood the plot and I've been wanting to re-watch it again, but never took the time to actually do it, maybe because I just wasn't too impressed by its visuals - compared to «Akira», that was.

Well, the current adaptation surely doesn't have that problem: Thanks to its presentation I'd go as far as to state that «Ghost in the Shell» is not only a good remake, but even superior to the original. I even like what they did to the plot that was streamlined (as far as I can tell, because this time around, I understood what was going on).

Even before the anime's original soundtrack finally echoed over the end credits, the last iconic shots of the Major (Scarlett «will you marry me» Johansson) had almost moved me to tears because visually, this adaptation of «Ghost in the Shell» works great by going back to the «original» imagery and reviving it with current CGI work and beautiful production design, making it shiny, while keeping it very stylish, cool – even cold – staying very close to the original's look and feel.

Though characters and plot are solid, they're not too original or spectacular. But I think that has always been the problem with «Ghost in the Shell». The very intriguing premise never really leads anywhere, because it doesn't leave much left to explore, being too fundamental for its own good. But nonetheless the deep questions about humanity, technology and consciousness are powerful enough to hold the visual spectacle together as a whole.

Sometimes, combined with Scarlett Johansson, who really wears her role like a suit – a very tight suit – that's enough for me (and I really dig her cyborg-walk).

GANTZ:0

Premiere: 14. October 2016
Director: Yasushi Kawamura, Kei'ichi
Sato
Cast: Chris Jai Alex, Tony Azzolino, Austin Nash Chase,
Lucien Dodge

4. March 2017

Man, full CGI movies have come a long way since «Final Fantasy – The Spirits Within»! Just discovered this gem on Netflix. It's probably not really that good a movie per se but its stunning CGI-work and over-the-top action are just too damned impressive not to be blown away by it.

Give me more...!

LOGAN

Premiere: 28. February 2017
Director: James Mangold
Cast: Hugh Jackman, Patrick Stewart,
Dafne Keen, Boyd Holbrook

2. March 2017

Logan's fun: A movie as solid as adamantium yet tender and
bloody like a delicious steak.

MORGAN

Premiere: 1. September 2016
Director: Luke Scott
Cast: Kate Mara, Anya Taylor-Joy, Rose Leslie, Michael Yare

11. February 2017

I'd really love to see Kate Mara starring in a good movie... mostly because I really like to see her in just about anything,... getting lost in that gorgeous pair of brown eyes...

But «Morgan» sadly, surely isn't that movie.

It's just a really beautiful looking (cinematography, locations and production design are admirable) disappointment which might have worked well as an episode of «Black Mirror», but as a feature length film it's way too predictable and much too thin – the script, of course,... not Kate. She's perfect!

Also, Paul Giamatti is in this, stealing every scene he's in... all one of 'em.

THE NEON DEMON

Premiere: 8. June 2016
Director: Nicolas Winding Refn
Cast: Elle Fanning, Christina Hendricks,
Keanu Reeves, Karl Glusman

20. January 2017

On a day in last December, I was watching and reviewing «High Rise» because the iTunes trailer of «The Neon Demon» was just too dull to have chosen it as the movie of the evening. As it turned out, that choice was a biiig mistake. Today I will try to correct that error:

As you may or probably may not know, I'm an avid admirer of Nicolas Winding Refn's masterpiece that is «Drive» (even when I still neither know how to write nor pronounce his name correctly).

If anything Refn's movies are highly volatile: Lucky for me I got to see «Drive» and «Bronson» (another movie I love) before their predecessor «Valhalla Rising» gave me a good nap after boring me to tears while watching it on Netflix.

So let's see what «The Neon Demon» has to offer:

It surely has the pacing of its siblings, the music style (again by Cliff Martinez who did it in «Drive») and a similar look and feel as «Drive». So we surely have two big pluses right here. So...?

Yes, definitively, yeah, I surely loved the movie. That much I can say. The cinematography (by Natasha Braier) and over all tone are awesome. And it sure makes an intriguing and gripping experience – on multiple levels. And it must be a think piece, 'cause I sure as hell didn't get it in its entireness.

The movie starts out well behaved as a very pretty looking, interesting performed study about superficiality, the obsession with good looks, popularity, self esteem and surely some other big words relevant in social studies I don't feel like looking up right now.

The fascinating thing about «The Neon Demon» is that not unlike in «Drive», its protagonist seems to be the most passive, least interesting thing about it. She mostly doesn't act, she reacts, if anything, to her surroundings or nature given conditions. And this time, the protagonist's role as a mirror to reflect the behavior of the rest of the ensemble, and in the end, the audience, is even clearer and more effective.

And I was more than fine with all that.

Then the whole thing goes sideways (not in quality but in a making-sense-way). Let's say the willingness to suspend one's disbelief is just the start.

But interestingly enough, I was fine with that too. By the time the film really got strange, I was on board thanks to the slow pacing and almost ethereal storytelling, cinematography, soundtrack and performances. I felt like in a dream - a fever dream, very much so - but in a good way - whatever that means.

The movie really got me by surprise and entertained me, despite the lack of action and plausible character arc.

I think this movie will be getting more attention as it gets older. I know I will watch it again just to figure out what I might have missed and what the hell was going on. Let's just say this film reminded me why I fell in love with movies in the first place.

And... SPOILERS AHEAD

Then, it got me: Of course! Vampires! And suddenly knew why Keanu Reeves is in this and why it reminded me of «From Dusk till Dawn».

But then again: with all the mirror shots and scenes in very bright sunlight, the movie goes a long way to make a point that the models carrying the story can't be classical vampires. So I in the end, I still don't know at all what to make of it, but still I surely enjoyed the movie a lot.

So I guess this review didn't make much sense in any way, shape or form. But you know what? Neither did «The Neon Demon» at first sight, an I still liked the hell out of it. So there's that.

STAR WARS: ROGUE ONE

Premiere: 14. December 2016
Director: Gareth Edwards
Cast: Felicity Jones, Diego Luna, Alan
Tudyk, Donnie Yen

15. December 2016

I laughed. I cried. I was fully satisfied. Pretty fu*king great movie! (With a tiny, minor issue I can't mention right now.)

Full disclosure: I hold some shares of Disney stock: So do the sensible thing: Go see «Rogue One» and your money me you give!

Meanwhile, you might want to check out my interactive visualization of the Star Wars Universe:

https://rafenew.world/explore-the-star-wars-universe/

HIGH RISE

Premiere: 18. March 2016
Director: Ben Wheatley
Cast: Tom Hiddleston, Jeremy Irons,
Sienna Miller, Luke Evans

2. December 2016

My very good friend and co-watcher (let's call him «Valser-Boy»)
and I agreed even before the iTunes trailer ended: «High Rise»
would be the chosen film of the evening. I think we both hoped it
would be something in the likes of «Fight Club»*: Stylish, somewhat eery, visual stunning, hyper-realistic, violent and... good,
maybe even outstanding.

Which it pretty much was,... until it wasn't and became an awful,
shallow but convoluted, and most important, boring comment
on class war, with one hour runtime still to suffer through.

It felt as if its makers tried too hard to begin with, even succeeded,
but then lost interest and just let it slide once they realized how
thin their material was. (I guess - I haven't read the book beforehand and I sure won't do it now.)

If you should choose to watch «High Rise», do yourself a favor
and quit in the middle, before you know what the whole thing

really might be about. Because once you do, you'll probably won't care anymore and you'll be just counting the minutes until this torture ends.

I guess «Valser-Boy» and I should've gone with the first movie we watched the (very uninspired) trailer of: «The Neon Demon».

I'll keep you informed. Don't call me, we'll call you...

*) So you haven't seen «Fight Club»? Oh, it's nothing special, just one of the best f*cking movies ever made.

DOCTOR STRANGE

Premiere: 25. October 2016
Director: Scott Derrickson
Cast: Benedict Cumberbatch, Chiwetel Ejiofor, Rachel McAdams, Benedict Wong

27. October 2016

I'm not even mad...

...not even mad that «Doctor Strange's» script is a bit shallow and the characters are not as rich as I'd hoped them to be.

I'm not even disappointed that this time, Marvel can't quite pull it off: At least not as masterfully as they've done before in «Thor» and «Guardians of the Galaxy», when they obliterated any doubt that without any question, a Norse god or a talking, dancing tree weren't just a good idea, but just belonged on that screen, in that movie, in that story, at that time.

So yes, compared to other movies in the MCU, «Doctor Strange» might be on the weaker side, but it sure looks pretty. And sometimes, (given a solid, but not great structure) that's enough. Yeah,

I know, form follows function, blablabla... but just look at it, it's so shiny!

This is the moment where I have to admit that my brain's probably still numbed by the film's orgasmic kaleidoscopic visual bombardment:

While I may have gotten used to Marvel's almost perfect, nearly imperceivable visual effects (e.g. «Civil War's» airport battle), in «Doctor Strange» you really SEE the visuals at work, doing the heavy lifting – in a good way, even artful. There were hints of this kind of imagery in «Ant-Man» but never before where they used to create such an abstract, rich and layered world as in «Doctor Strange». We were promised a psychedelic trip – the Doctor's universe sure delivers. The magic realm just looks fantastic, and for once, even the 3D almost seems justified.

Although the movie is by far neither as funny nor as clever as «Civil War» and kinda feels like the introvert cousin of «Iron Man», it's still a most entertaining, highly recommendable and enjoyable ride.

And not to forget: The Cumberbatch is strong in this one! He's all the Doctor Strange I could wish for... and more: As I remember reading the comics back in the day, Strange was quite the earnest, even stiff dandy. But Cumberbatch does his magic and nails it: He makes the character his own while staying true to the source material. Grounded, but surreal. Tragic (a bit), but funny (very).

Seeing the glass half full, maybe I'm even grateful that this time, Marvel did themselves a favor by lowering their own high bar a tiny little bit, bringing the audience's expectations back to a reasonable level for the coming last bits of Marvel's phase three, especially the unfathomable «Infinity War».

And yes, there are TWO post-credit scenes.

THE NICE GUYS

Premiere: 15. May 2016
Director: Shane Black
Cast: Russell Crowe, Ryan Gosling,
Angourie Rice, Matt Bomer

22. October 2016

How can a movie feel so classic (almost basic) as this one, and at the same time, get to be so ingenious, clever and funny?

I don't know, but with «The Nice Guys» Shane Black surely gets the job done. After «Kiss Kiss, Bang Bang» and «Iron Man 3» he proofs that his witty but concise no-bullshit writing (and directing) still works and is more than welcome in a cinematic «climate» defined by prequels, sequels and paint-by-numbers productions.

Russel Crowe's and Ryan Gosling's superb portrayal of their hilarious bromance completes this blissful watching experience and makes «The Nice Guys» feel like an instant must-see classic.

INFERNO

Premiere: 12. October 2016
Director: Ron Howard
Cast: Tom Hanks, Felicity Jones, Irrfan Khan, Ben Foster

19. October 2016

Here's a puzzle Professor Langdon might be able to solve:

LUKE CAGE

Premiere: 30. September 2016
Creator: Cheo Hodari Coker
Cast: Mike Colter, Simone Missick, Theo
Rossi, Alfre Woodard

3. October 2016

Is it just me or are the Netflix-Marvel series getting slower and slower? I haven't completely finished «Luke Cage» yet, but after experiencing the rather unmotivated and quite disappointing twist in one of the last episodes, I kind of wish the producers wouldn't be as comfortable with their current modus operandi as they seemingly are (e.g. slow-paced drama instead of, well, a little bit of something else, too. A tiny little bit more trust in the viewer's suspension of disbelief, maybe?)

Granted, as a white male living outside of the USA, I'm obviously not in the immediate focus group of «Luke Cage», and I must say, as far as I'm able to judge, they did a pretty solid job not to alienate folks like me completely. But while watching the episodes I always felt reminded of how little a clue I have of what it must be like to live in country still disrupted by racial tensions. (Not unlike watching «The Shield» or «The Wire», where I felt like I just crashed a party where I maybe, definitely didn't belong.) Even listening to the wonderful soundtrack, I kept myself asking:

Am I allowed to enjoy this music or do I not get to like it because I wouldn't understand it anyway?

I guess it's more than fair to give a black male his own show, hell, even the skinny dark haired chick got one, but it feels a little bit like... going through a checklist. Maybe not unsimilar to the creation of «Power Man» when he first was conceived in the comics in the midst of the blaxploitation-thingy of the 1970s. (Nothing wrong with that, I hope they'll do that in the current presidential election.)

And of course, as always the characters and performances are superb (except the character in the above mentioned twist that felt really out of place) and the soundtrack and photography are well above average... But somehow I didn't really feel that involved this time. It's more like the next 007 movie: There is one available,... I've been waiting for it, so I'll watch it. But that's pretty much it, which is somewhat disappointing, as solid as «Luke Cage» as a whole may be.

I guess I'll wait for the next Caucasian, pale sorcerer to win me back. And not to forget: The references to some comics-related visuals alone make «Luke Cage» a must see for all comic book fans.

STAR TREK BEYOND

Premiere: 20. July 2016
Director: Justin Lin
Cast: Chris Pine, Zachary Quinto, Karl Urban, Zoe Saldana

27. July 2016

So let's do this. I'm writing kinda «live» from the rooftop bar @ the Blue Balls Festival Lucerne. This is the place where I'm trying to find out whether I liked «Star Trek Beyond» or not or if I will just refer to the much recited «rule» that every odd-numbered installation of the franchise is one of the bad ones and call it a day - or in this case - a review.

Well, I wrote too much about «Independence Day: Resurgence» (what an awful word to write on those tiny phone keys, gonna try to activate auto-correction now. Just give me a sec... Well that didn't help much).

Where were we? Right. I had just written too much about the mediocre but somehow likable second part of «ID4» to let «Beyond» just slip through. Mostly because the newest Star Trek is quite mediocre itself, I'm sad to say. I figure that Simon Pegg's wonderful writing that I loved in the «Cornetto Trilogy» works much better when it's brought to live on a smaller scale, taking advantage of the limitations given by a smaller budget. On the other hand: «Star Trek Beyond» sure looks better than «Independence Day: Retelling The Same Story» (as far as I could tell through those god-awful 3D glasses), it sounds better, and it even has a tighter story, which doesn't mean much. But it all remains another by-the-numbers Sci-Fi action adventure that happens to have «Star Trek» in the title. I really missed the almost perfectly written and cleverly re-introduced characters from the first one.

After the creators pulled off the seemingly impossible and rebooted one of the most iconic franchises in the known universe, they got lazy and went back to the standard handbook of cashing in on a blockbuster with «Into Darkness». (Not that «Star Trek» 2009 was especially original, but it sure as hell worked for me.)

«Beyond» is not much better. The tighter story makes more sense in a way for sure, but the characters didn't really seem to care too much about the arcs they're shoehorned into. With the exception of Scotty maybe, but it didn't help that I kept thinking: «of course he would do that, he (Pegg) wrote the damn thing!». And as soon as I realized that Idris Elba was in this one (that wonderful, wonderful voice) I wanted to see more of him – sans the make up. But be careful what you wish for...

Which somehow brings us to the end of the second act of the movie: That's some really impressive film-making right there and one of the most interesting Sci-Fi action sequences I've seen in a long time. And most importantly: it's very funny. That sequence alone saves the movie from being just «the next one», highly for-gettable instance of its franchise.

In the end, it sadly falls flat again and steps back onto the path which much too many movies have, not so boldly, gone before.

So let me do that, too: After writing a mediocre, hopefully tight review with the best ending possible, quoting some Star Trek, let me just keep writing on, just for the sake of a last paragraph:

No, «Star Trek» with the number 13 on its cover (or 3, depending on how you count) isn't one of the bad ones. But it is, and always shall be, one of the not too great ones.

(Nailed it!)

INDEPENDENCE DAY: RESURGENCE

Premiere: 22. June 2016
Director: Roland Emmerich
Cast: Liam Hemsworth, Jeff Goldblum,
Bill Pullman, Maika Monroe

25. July 2016

Well, that was silly! But to be honest, not much sillier than the first part, more than twenty years ago. And surely not sillier than let's say «X-Men: Apocalypse».

I must say I really enjoyed «Independence Day: Resurgence».

And why shouldn't I? In a sense it's mostly an almost shot for shot remake of the original. With a lot less charm because of the lack of the impressive practical effects from back then which where replaced by state of the art, but still kinda copy and paste

CGI (which isn't improved by the green screen and compositing quality that somehow seemed to be stuck back in the nineties).

I admit I give the movie a lot of slack because its predecessor was one of the first high concept «let's just blow some shit up» movies I loved as a child, which I think has to be given credit.

And I liked the characters: There's of course Goldblum, Pullman and Spiner who I just loved the shit out of (minus one really too silly moment that I loathed). The second Hemsworth and the one and only William Fichtner who really wears those kind of characters like a glove. And I reeaally loved what they did to poor Will Smith (which is kinda mean, but I guess the second part of the movie that really put him on the map has somehow the right to make fun of his arrogance, in a way). And somehow they also dragged Charlotte Gainsbourg into this which surprisingly didn't hurt the movie any more than some other side characters I think they could've skipped.

Though for today's standards the whole movie is kind of «been there, done that», I really liked this one, mostly because it doesn't take itself serious at all, serves the fans with a big plate of references to the original, the one movie that started it all back then as one of the first of its kind of that era.

As a fun action movie, it never reaches the quality of «Captain America 3 – Civil War» or to be honest, any of the Marvel Movies, but «ID4» 2 never annoyed me, because it doesn't try to be anything that it isn't. It knows that it's silly and just goes with it; takes all its stupidity, ludicrous one-liners, over-the-top patriotism and heroism and shoves it up my ass right up to my pleasure center (which normally is not my preferred path of delivery).

If you're old enough to have enjoyed the first one, I think you'll like this one. If not, I'm not so sure, because there where a lot better films in the meantime that have done the same thing, much better (e.g. «Pacific Rim»).

And correct me if I'm wrong. But didn't I spot a reference to «Citizen Kane» in the last act?! I sure loved the boldness in doing that.

~~This is neat, too: http://www.independencedaymystreet.com~~

And of course: Aurora: https://rafenew.world/aurora

DRIVE

Premiere: 15. September 2011
Director: Nicolas Winding Refn
Cast: Ryan Gosling, Carey Mulligan,
Bryan Cranston, Albert Brooks

16. July 2016

Here's some thought about one of my favorite movies of the last few years: «Drive» (which I am enjoying as I write).

I've always loved the movie, maybe even more every time I re-watch it. But I never really thought about the reasons why.

The things I registered up to now where that the overall mood of the film is somehow bright and dark at the same time, but in any case, very intriguing; The world of LA that is built seems surreal but inviting; the captivating pseudo-eighties soundtrack is great; and the colorful characters are interestingly written and even better executed by Cranston, Mulligan, Brooks, Hendricks, Perlman and Isaac (which I didn't even remember was in that one).

But wait,... all the characters? ...Of course not.

The main character, the nameless driver played by Ryan Gosling remains stoic, unapproachable even, unmoved by the occurrences around him, may it be a heist, a car-stunt or some good ol' boot heel kicking the shit out of a man's skull.

Of course the internet has some opinions about this characterization: Some stated that he might be an autist or some kind of psychopath, (which he probably, surely is).

But though that might be an suitable character-trait (or better: the absence of such), I think the creators of «Drive» may had a different goal in mind:

While the protagonist's behavior could (and would) be interpreted as just awesome, unshakable coolness, which is surely a trait that a male thirty-something viewer gladly can and will identify with, there might've been a difference plan at play.

Maybe it's not so much a coolness but the mentioned absence of character that makes this movie so darn good. Instead of developing a «real» person the audience hopefully can identify with, the creators might intended to try out a different route: The video game approach.

Making the playable character in games often mute, sometimes faceless or having a customizable appearance to mirror the player's personality (or their wishes and fantasies) helps the player to project himself onto (into?) the main character.

This interpretation of «Drive» is probably old news, but it just got to me now:

«Drive»'s main character might have been left blank intentionally, for the viewer to fill in and by doing so, getting a more immersive viewing experience. (And Ryan Gosling's looks surely help to make this projection even more inviting.)

So there you go. Probably not my best article, surely not written in my best English, and lacking some kind of arc. But «Drive» is still a hell of a great movie, nonetheless. If you haven't watched it yet. Whattaruwaitingfoor?!!!

Post scriptum:

Watching the third act, I just realized that this movie is even more cleverer (yes, I just wrote that) than I thought (and I probably missed the whole point of it up until now):

In the final act, the whole no-character theme is taken to the next level when the driver puts on an almost life-like latex mask to hide his personality (even more) while doing some nasty deeds. Adding the given elevating soundtrack in this scene to the mix, it seems like the Driver all but reaches a state of complete absence of identity and personality, finally achieving some sort of climax of his evolution, becoming some kind of Über-mensch (no

Nazi-relations intended, but some transportation business ones are).

The soundtrack underlying the last scene («real human being») seems to support the theory that the movie tries to make a point that the protagonist only finds his own humanity after he's shed all his earthly individual traits and characteristics.

X-MEN: APOCALYPSE

Premiere: 18. May 2016
Director: Bryan Singer
Cast: James McAvoy, Michael
Fassbender, Jennifer Lawrence, Nicholas Hoult

25. May 2016

To go bald where no X-Man has gone before...

If anything, «X-Men: Apocalypse» is a mixed bag. Let's call it a roller coaster: An exciting, but extremely uneven experience. Some really great moments carry on for just a little bit too long, some cringeworthy creative decisions lead into funny scenes. On one hand we get some gripping sequences stolen by the new characters, on the other hand I was left speechless by some unused, even wasted talent of the veterans (and villains). Especially Magneto (Michael Fassbender) seemed to be stuck in a much darker, more serious, and in the end, probably better movie. I liked Raven though, who didn't seem to care too much in a natural way, which both fit her character and her real life counterpart (Jennifer Lawrence).

The X-Movies where always the ones I expected the least of; not including the first one, when the genre was still fresh and exciting. For a long time, this lack of expectation protected me against some serious disappointment – up until «Origins: Wolverine», which barely qualified as a movie.

On the bright side, compared to, let's say «BvS», «Apocalypse» never felt like a mess. All the parts fit together somehow and I even got more than a few satisfying fan serving moments and references to past and future plot points,... it all just felt somewhat clunky.

The problem at hand may be that I didn't feel much of anything, like in most Bryan Singer pictures – I'm often impressed but rarely moved. In contrast, the movies of the «real» MCU may be as constructed and schematic as they come, but I always feel at home, and I keep caring for the characters in the midst of spectacular action and gripping storytelling.

While watching «X-Men: Apocalypse», I think I spotted a solid movie shining through the cracks, but this film wasn't it. Apocalypse's design sadly doesn't look much more convincing than in the first trailer, the character motivations where all over the place, and Olivia Munn didn't seem to be enjoying her part as much as I thought she would be.

Was I not entertained?! Oh, who am I kidding? I surely was!

Sadly, I never recognized the quality and coherence I thought I saw in «First Class». Not in «Days of Future Past», which was a small step in the wrong direction, and surely not in this one. But I still kind of liked them all. Not like a «real» Marvel flick, but you now, it's still my childhood heroes,... on the fracking big screen, with costumes, powers and all.

I may be giving this one some extra slack because it'll hopefully be the last one in the current installment, and it did a surprisingly solid job in tying it all together, bringing the story to a satisfying end.

If you dare, check out my old review of X-Men 3.

MANHATTAN

Premiere: 27. July 2014
Creator: Sam Shaw
Cast: Rachel Brosnahan, Michael
Chernus, Christopher Denham, Katja Herbers

16. May 2016

Now here's some binge-worthy TV! Stumbled upon this gripping gem about the Manhattan Project leading up to the creation of the first nuclear bombs by accident.

Still loving it while finishing the last episode of the first season. Shame it didn't get picked up for a third season. And I still miss the hell out of an appearance of Richard Feynman, but then again, maybe better not to let reality disturb the drama too much.

If you get a chance, check it out on Netflix!

THE FIRST AVENGER: CIVIL WAR

Premiere: 27. April 2016
Director: Anthony Russo, Joe Russo
Cast: Chris Evans, Robert Downey Jr.,
Scarlett Johansson, Sebastian Stan

1. May 2016

Marvel did it again! They once more delivered a solid, action-packed, and most important: FUN comic book movie. One could argue that «Civil War» and «Batman v Superman» follow basically the same plot. <spoiler>The superheroes in both universes seem to share one trait: they're all mamma's boys. Not that that's a bad thing. Love you mom!</spoiler>.

But the folks at Marvel just know how to nail it almost every goddamn time!

Most importantly, as always, this newest Marvel flick knows how to have a good time. Paul Rudd, I love you, man!

And they even managed to establish a reeeeallly cool Spidey in just a couple of minutes,... something Sony wasn't able to do in two whole movies.

On the negative side, Marvel still has it's problems with the bad guys. <spoiler>Zemo reminded me too much of the latest Blofeld. All build-up, no real pay-off (in this movie, that is). </spoiler>

Captain America 3 may be not the best Marvel movie, but it's a keeper. Go see it! Like in: NOW!

And as always: Good luck DC, you gonna need it.

(Yes Scarlett, I still love you, too)

DEADPOOL

Premiere: 9. February 2016
Director: Tim Miller
Cast: Ryan Reynolds, Morena Baccarin,
T.J. Miller, Ed Skrein

26. March 2016

Nice! Never read the comic, never cared for the character. But I
really liked this one.

DAREDEVIL SEASON 2

Premiere: 10. April 2015
Creator: Drew Goddard
Cast: Charlie Cox, Vincent D'Onofrio,
Deborah Ann Woll, Elden Henson

25. March 2016

<nitpicking>What really bugged me was his new cowl. Of course they really nailed its design compared to the model of season one, but in a show so gritty and «realistic» compared to similar presentations, I was somewhat surprised about a certain use of movie-magic revolving around the devil's mask. When you spot it, you'll know what I'm talking about and after that it's really hard to unsee.</nitpicking>

But that's it. Other than that, once more «Daredevil» is almost perfect television. Interesting characters well executed (please excuse the PUNisher), gripping story, stunning action, very easy on the eyes. And I loved his new toy and how they introduced it.

After the train-wreck I saw yesterday that was «Batman v Superman» I'm so glad at least one Studio knows what to do with its Superhero properties. I wonder what it would look like if Marvel could manage to take their spectacle to the big screen... oh wait, they did, and they do. Almost forgot there still lies a civil war ahead...

BTW: What I really liked about «Batman v Superman» was, surprisingly enough, the Batfleck. Not just his cowl, not just his whole costume, but his take on the character. Didn't see that one coming. I wonder how Ben Affleck would do as Matt Murdock on the big screen... oh wait, he did. But let's forget about that.

BATMAN V SUPERMAN

Premiere: 23. March 2016
Director: Zack Snyder
Cast: Ben Affleck, Henry Cavill, Amy
Adams, Jesse Eisenberg

24. March 2016

What a clumsy mess! How did they even manage to fuck this up
so badly?

WHIPLASH

Premiere: 15. October 2014
Director: Damien Chazelle
Cast: Miles Teller, J.K. Simmons, Melissa
Benoist, Paul Reiser

19. March 2016

Once again I realize that the best sign to recognize a really outstanding movie is the moment when you watch it for the nth time
and you're still surprised of how good it truly is.

«Call your Mom, call your Dad...»

THE FORCE AWAKENS

Premiere: 16. December 2015
Director: J.J. Abrams
Cast: Daisy Ridley, John Boyega, Oscar
Isaac, Domhnall Gleeson

17. December 2015

The Force is strong with this one!

BOND 24

Premiere: 26. October 2015
Director: Sam Mendes
Cast: Daniel Craig, Christoph Waltz, Léa
Seydoux, Ralph Fiennes

4. November 2015

Surpassed even my boldest exspectretions. 007 can be fun again!

While you're here, check out my Daniel Craig supporter site back
from 2006: craigisbond.rafenew.world

THE MARTIAN

Premiere: 30. September 2015
Director: Ridley Scott
Cast: Matt Damon, Jessica Chastain,
Kristen Wiig, Kate Mara

5. October 2015

Most entertaining, sciency fun. Go see it.

MISSION: IMPOSSIBLE – ROGUE NATION

Premiere: 28. July 2015
Director: Christopher McQuarrie
Cast: Tom Cruise, Rebecca Ferguson,
Jeremy Renner, Simon Pegg

9. August 2015

Not too bad – but way too long.

ANT-MAN

Premiere: 14. July 2015
Director: Peyton Reed
Cast: Paul Rudd, Michael Douglas, Corey
Stoll, Evangeline Lilly

23. July 2015

Is BIG FUN; which us no small feat.

JURASSIC WORLD

Premiere: 10. June 2015
Director: Colin Trevorrow
Cast: Chris Pratt, Bryce Dallas Howard,
Ty Simpkins, Judy Greer

11. June 2015

What a steaming pile of Triceratops crap! Would've worked better as a rom-com with Pratt and Howard just flirting for 2 hrs. And definitely needed some Goldblum.

TOMORROWLAND

Premiere: 20. May 2015
Director: Brad Bird
Cast: George Clooney, Britt Robertson,
Hugh Laurie, Raffey Cassidy

10. June 2015

1st half very intriguing. 2nd half not so much. 3rd half – don't be silly. Little bit on the preachy side but visually amicable. I was entertained and left content mainly thanks to the fact that, though Clooney was as clooney as Clooney gets, he wasn't even the most charming character in it. (Chapeau, Raffey Cassidy.)

EX MACHINA

Premiere: 21. January 2015
Director: Alex Garland
Cast: Alicia Vikander, Domhnall Gleeson,
Oscar Isaac, Sonoya Mizuno

16. May 2015

Definitely passes the test. Two thumbs up!

MAD MAX: FURY ROAD

Premiere: 13. May 2015
Director: George Miller
Cast: Tom Hardy, Charlize Theron,
Nicholas Hoult, Zoë Kravitz

16. May 2015

Stupidly fucking awesome!

AVENGERS: AGE OF ULTRON

Premiere: 22. April 2015
Director: Joss Whedon
Cast: Robert Downey Jr., Chris Evans,
Mark Ruffalo, Chris Hemsworth

6. May 2015

Go see it!

Thank you Avengers 2 for being that good. You're adorable.

		stätte		genalten	
		▼		▼	griech. Götter-mutter ▼
E					
D	Tier-futter		sowieso ▶		
Banner ▶	B	R	u	C	E
			klima-tisch trocken		
2				▼	
Kletter-tier, Primat		absolute techn. Atmo-sphäre ▶			

CHAPTER TWO

LIKE TEARS
IN RAIN

2006 – 2003

JARHEAD

Premiere: 4. November 2005
Director: Sam Mendes
Cast: Jake Gyllenhaal, Jamie Foxx, Lucas
Black, Scott MacDonald

1. September 2006

Welcome To The Suck

Früher war mal alles so einfach: Es gab Kriegsfilme und Antikriegsfilme. Und die einzigen wirklich schönen Kriege sind seit
jeher die Sternenkriege. Irgendwann kommt man dann in ein
Alter, in dem man sich entscheiden muss, ob man sich nun für
die Politik hinter den Fronten interessieren mag und oder den
Krieg grundsätzlicher, in seiner pragmatischen und archetypischen Form als in der Natur des Menschen liegend, akzeptiert.
Da mein politisches Engagement nicht über das regelmässige
Vorweisen der Cumulus-Karte hinweggeht, kann man sich ja
denken, zu welcher Gruppe ich gehöre.

Vielleicht gefiel mir «Jarhead» gerade aus diesem Grund gar
nicht mal so schlecht. Denn gerade durch die penetrante Abwesenheit des Krieges im Film wird das Thema auf eine ganz neue
Weise thematisiert. Weil die Protagonisten nie zum Schuss kommen, fragt man sich zu Beginn, was denn der ganze Krieg unter

diesen Umständen für einen Sinn machen soll, nur um sich dann erst Recht zu wundern, ob denn ein «richtiger» Krieg, in dem so richtig schön gemetzelt wird, mehr Sinn machen würde? Das alte Sprichwort «Stell dir vor es ist Krieg und keiner geht hin» mal in einer etwas anderen Interpretation.

Hat man dann dieses Thema mal verdaut, beschert einem «Jarhead» ein sehr unterhaltsame Zeit mit viel Humor und einigen amüsanten Sequenzen aus dem militärischen Alltag, die einem sogar als Schweizer Milizler ungeahnt bekannt vorkommen. (Man denke nur an die Schutzmaske, die ausgerechnet immer beim AC-Drill in der Reparatur, defekt, verloren, vergessen oder alles zusammen ist. Und dies WK für WK.)

Über den allgemeinen filmischen Durchschnitt gehoben wird der Streifen vor allem durch die Hauptdarsteller Jake Gyllenhaal, Jamie Foxx, Peter Sarsgard und Chris Cooper und die vortrefflich gefilmten (und bearbeiteten) Bilder der brennenden Wüste. Der wie immer etwas andere Score von Thomas Newman, der rockige Soundtrack und die ebenso unauffälligen wie perfekten visuellen Effekte schnüren den Film zu einem gelungenen, stimmigen Paket.

Übertreffen kann Sam Mendes seinen genialen «American Beauty» zwar nicht, stilistisch und thematisch sind jedoch gewisse Ähnlichkeiten von «Jarhead» und «American Beauty» nicht zu übersehen, was nach dem eher enttäuschenden «Road to Perdition» auch angebracht scheint.

THANK YOU FOR SMOKING

Premiere: 14. April 2006
Director: Jason Reitman
Cast: Aaron Eckhart, Cameron Bright,
Maria Bello, Joan Lunden

25. August 2006

Harley Davidson and the Cancer Boy

Sein wir ehrlich: Der einzige Grund damals, der dafür verantwortlich war, dass ich aufhörte zu rauchen, war, dass mir dieses
unsägliche Anti-Raucher Gestürm so auf den Sack ging, dass ich
dachte, dieses Generve mit all den Warnungen auf den Werbun-
gen und Packungen würden ein Ende nehmen, wenn ich als Host
und somit grösstes Zielgruppensegment der Kampagne klein
bei gebe und somit der ganzen Aktion den Wind aus den Segeln
nehme.

Leider habe ich meinen Einfluss auf die öffentliche Meinung
wohl ein ganz kleines bisschen überschätzt (obwohl ich mir das
fast nicht vorstellen kann), denn noch heute sehe ich diese Rekla-
men, bei denen ich mich fragen muss ob es nicht ein ganz klein
wenig schizophren und inkonsequent ist, wenn man auf diesen
ach so romantischen Raucheranzeigen eine fussballfeldgrosse

Warnung abdrucken muss, dass das Rauchen das Leben deines Steuerberaters gefährden kann.

Kurz: Ja, ich liess mich von der Werbung beeinflussen, und das mit gutem Resultat, denn seit ich nicht mehr rauche, vertrage ich viel mehr Schnupftabak.

Doch was ist jetzt passiert? In letzter Zeit ertappe ich mich immer wieder erneut, mir zu schwören, wieder mit dem Rauchen anzufangen! Warum fragt Ihr mich? Wegen diesen unsäglichen Anti-Raucher Spots: «Schlau, Du au?» Bei allem Respekt beim Macher dieser Spots,... das ist ja wohl aus der untersten Schublade kreativen Schaffens, und ich meine nicht irgendeine Schublade, sondern die, in die ich mein grosses Geschäft zu erledigen Pflege, wenn meine Toilette wieder einmal verstopft ist.

Sicher, rauchen tötet jährlich tausende von Menschen,... aber diese Kampagne tötet MEINEN NERV, und das ist ja wohl bei aller Bescheidenheit etwas stärker zu gewichten, oder irre ich mich? Eben.

Ach ja, der Film. «Thank you for Smoking» ist eigentlich wirklich lustig, obwohl nun nicht zum schreien komisch. Aber das ist eine Satire ja selten. Vor allem schön gespielt von allen Parteien; Von Aaron Eckhart, den ich immer noch mit voller Überzeugung und immer wieder gerne mit Thomas Jane verwechsle, William H. Macy, J.K. Simmons, Rob Lowe, der mir bis auf alle Ewigkeit in seiner grandiosen Rolle in Austin Powers im Gedächtnis bleiben wird,... und Samuel L. Jackson... Nein der letztere spielt natürlich nicht mit, aber ich freue mich eben auch auf «Snakes on a

Plane», obwohl ich mit dem Film gleichzeitig einen ziemlichen Müll erwarte. Und nette Dialoge. Hat der Film. Meine ich. Weiss noch jemand was eine verbale Wortkette ist? Meine Grammatik lässt schrecklich nach in letzter Zeit. Ganz im Gegensatz zu vorletzter Zeit, als man sich noch Mühe gab, Texte zu schreiben,... und von der Zeit davor reden wir nun mal gar nicht, insbesondere darum, da es hier kein «Wir», sondern nur ein «ich» gibt, das darüber hinaus nicht redet, sondern schreibt,.... weiss übrigens jemand was Logorröh ist, wie man das schreibt, und ... was olfaktorisch bedeutet, weiss ich inzwischen wieder, nachdem ich seit Jahren nach diesem Wort gesucht hatte, aber ob es ein Wort für den verbalen Durchfall gibt, der den Zustand nicht in gesprochener, sondern in geschriebener Form beschreibt, weiss ich immer noch nicht, obwohl vieles dafür spricht, vor allem Klamm und Heimlich, was aber nichts besonderes ist, da Frau Klamm und die geschiedene des alten Stadtrates Heimlich immer etwas zu bequatschen finden, obwohl es ja nichts neues ist, dass das junge Flittchen von gegenüber der Strasse nur etwas mit dem alten Geiferer angefangen hat, um an sein Geld zu kommen, diese Romanze könnte der letzte Nagel in seinem Sarg sein, wobei ich mich zu diesem Thema gefragt habe, ob Aaron Eckharts Name im Film, Nick Naylor, also Nagler, ein Wortspiel gewesen haben sein sollte. Von wegen Sargnagel und so, meine ich.

Noch ein Gedanke zum Schluss: Bilde ich es mir nur ein, oder relativieren die letzten gesprochenen Textzeilen im Film die ganze kritische Stimmung des Themas? Ich hege den Verdacht, der Film könnte bei aller Zynik und Kritik der Raucherindustrie weniger schaden, d. h. willkommener sein, als man das auf den ersten Blick glauben möchte. Aber urteilt selbst, denn der Film ist auf jeden Fall sehenswert.

MIAMI VICE

Premiere: 27. July 2006
Director: Michael Mann
Cast: Colin Farrell, Jamie Foxx, Li Gong,
Naomie Harris

25. August 2006

**Ohne Flamingos, Alligatoren und Pastellanleitung,
dafür mit Socken und Rotzbremse.**

Im Grunde warte ich ja schon lange auf eine Crossover Kinoaus-
wertung von «Remington Steele» und «Moonlighting» («Das
Model und der Schnüffler»). DAS wäre was, was ich gerne mal
sehen würde. Stattdessen kommt so ziemlich jede erdenkbare
TV-Serie aus den Achtzigern auf die grosse Leinwand: «Mag-
num», «Knight Rider», «Dallas», «Baywatch»...

Aktuellstes Beispiel dafür ist «Miami Vice», die Verfilmung
der gleichnamigen TV-Serie namens «Miami Vice», die in den
Achtzigern unter dem Titel «Miami Vice» ausgestrahlt wurde
und als «Miami Vice» auch in Europa beachtliche Erfolge fei-
erte. Die Rede ist natürlich... von «Miami Vice», der jetzt unter

demselben Namen, nämlich «Miami Vice», auch in die hiesigen Kinos kommt.

Zugegebenermassen war ich nie ein allzu treuer Fan der Serie, obwohl ich diesen orangen Roboter und den Helikopter, der wie eine ebenso riesige wie rosige Sau angepinselt war, immer super-klasse fand.

Zum Glück kann man das aktuelle Kinoabenteuer von Sonny Bono und Davey Crockett auch meisterhaft gut finden, wenn man sich nicht wirklich gut mit dem originalen Stoff auskennt. Denn obwohl Michael Mann auch mit diesem Streifen nicht an sein Meisterstück «Heat» herankommt, zeigt er eindrücklich, dass er inzwischen ziemliche routiniert erstklassige Thriller, die ebenso visuell wie inhaltlich auf der ganzen Linie überzeugen können, inszenieren kann. Vor allem fürs Auge ist «Miami Vice» eine ebensolche Weide. Trotz oder gerade wegen dem eigenwilligen Charakter der Digitalaufnahmen, vermag der Film, wie schon «Collateral» aus demselben Grund, zu faszinieren. Die düsteren, mal körniger, dann wieder hochglänzend daherkommenden Bilder, häufig mit Handkamera gedreht, vermitteln einen ansprechenden pseudo-realistischen Style.

Dazu Colin Farrell's Matte und ein Schnauz, bei dem Jamie Foxx nur vor Neid erblassen kann. Absolut sehenswert – da könnten sich viele Filme ein Rädchen von abschneiden, insbesondere was die Sensibilisierung gegenüber Körperhygiene angeht. So viel und so schön geduscht wurde nicht mehr seit «Blade Trinity».

SUPERMAN RETURNS

Premiere: 28. June 2006
Director: Bryan Singer
Cast: Brandon Routh, Kevin Spacey, Kate
Bosworth, James Marsden

18. August 2006

Über den Wolken, muss die Freiheit wohl grenzenlos sein,…

Noch immer klingt mir der Score von John Williams in den Ohren und die Idee, für den Vorspann von «Superman Returns» in gepflegtem Retro-Style in Anlehnung an die klassischen Superman Filme zu verwenden, finde ich noch immer erste Klasse. Ich hätte Bryan Singer dafür Küssen können,… aber das hätte er dann wohl doch etwas zu sehr gemocht.

Lasst ihn fliegen! Zudem gibt's zwischen diesem herrlichen Auftakt und den letzten 30 Sekunden des Filmes nicht wirklich viel, was überschwängliches Lob verdienen würde. Oder anders gesagt, es gibt zwar unzählige Elemente, Szenen und Einstellungen, Ideen, Gags und wirklich hervorragende CGI Einstellungen, die alles Lob der Welt verdienen, nur leider funktioniert's als Ganzes nicht so ganz. Irgendwo auf dem Weg ging der Spannungsbogen und die packende Story verloren. Brandon Routh spielt zwar einen coolen, ziemlich farblosen Superman, wie es sich gehört, Kevin Spacey hat offenbar Spass an seiner Rolle, obwohl er für meinen Geschmack ruhig etwas mehr «Se7en» und etwas weniger Dr. Evil miteinbringen hätte können. Die Einstellungen sind phantasievoll gewählt, der Humor stimmt. Aber schlussendlich bleibt das ganze eine unausgegorene Masse, aus der nichts reifes mehr wird.

Lasst ihn fliegen! Nach dem schönen Vorspann hatte ich eigentlich gehofft, Singer würde irgendwo eine Abzweigung nehmen und den Film von seinen Vorbildern aus den Achtzigern etwas stärkeren aktuellen Touch verleihen. Aber trotz all den Digitalkameras und Flachbildschirmen, die zeigen wollten, dass wir nicht mehr im Jahre 1978 sind, war mir der Charakter des Films etwas zu nahe an seinen halt aus heutiger Sicht doch etwas trashigen Vorlagen. Besonders die lustig gemeinten Szenen zwischen Lex Luthor und Kitty Kowalski wären nun wirklich nicht nötig gewesen. Und aus irgend einem unerklärlichen Grund regten mich Luthors Schulterpolster, ja sein ganzes Outfit auf. An dieser Stelle war mir der Film zu retro und zu wenig öp-to-date. Schade, dabei hatte es mit «Batman Begins» so gut angefangen für die DC Helden.

Drum sage ich, lasst ihn fliegen! Die mit Abstand schönsten Momente im Film sind die, in denen Supie fliegt. Da haben die Macher sich wirklich viel Mühe gegeben. Oder wenn er im Weltraum umherdümpelt, soooo guet. Richtig schön pathetisch. Auf der technischen Seite gibt's darum nur Lob für «Superman Returns». Wäre doch nur an der Story etwas mehr Substanz als was «My Super Ex-Girlfriend» schon vorweggenommen hat,...

hätte das ganze etwas mehr emotionalen Tiefgang, wobei ich nicht die Lovestory meine, sondern den fehlenden Gänsehaut-Faktor, eben das Mitreissende, was «Batman Begins» oder «Spider-Man» so erfolgreich gemacht hat.

Schade, aber das war wohl eher Mediocre-Man, nicht Superman.

PIRATES OF THE CARIBBEAN 2 – DEAD MAN'S CHEST

Premiere: 6. July 2006
Director: Gore Verbinski
Cast: Johnny Depp, Orlando Bloom,
Keira Knightley, Jack Davenport

29. July 2006

It's a bird! It's a plane! No... it's the Klabauterman!

Ein eindeutiges Indiz für die überraschend unterhaltsamen Qualitäten von «Dead Man's Chest» ist wohl die Tatsache, dass ich mich mitten in meiner Sommerpause (man könnte anstelle des Wortes Sommerpause auch den Begriff Faulheit oder Lethargie einsetzen) genötigt sehe, meine zwei Rappen (ein Begriff, der in der Übersetzung an Wirkung verliert) loszuwerden:

Obwohl ich den ersten Teil nicht sonderlich supergut fand, wusste mich die Fortsetzung ohne Abstriche zu überzeugen. Zugegebenermassen kam ich bei der Story und einigen Einzelheiten nicht immer mit, dies aber den Drehbuchlöchern zuzuschieben wäre nicht meine Art. Aber Erklärungen, wie denn dieses Würfelspiel denn nun wirklich funktionierte, ~~nehme ich gerne per E-Mail~~ entgegen. Lustig ist der Film auf jeden Fall und ein wahrer visueller Overkill. Schon lange nicht mehr so saubere CGI FX gesehen. Davy Jones und seine Crew sind überaus phantasievoll und technisch perfekt ausgedacht und in Szene gesetzt.

Grade merke ich, dass ich mangels Ideen nie mit diesem Beitrag hätte anfangen sollen. Alle, die bis hierhin gelesen haben erhalten somit einen Gutschein für eine bessere Kritik auf nidwirkli.ch und damit die ganze Leserei bei dieser Affenhitze nicht ganz vergebens war hier meine Kurzempfehlung: «Pirates of the Caribbean – Dead Man's Chest» anschauen. Als Sommer-Popcorn-Kino läuft zurzeit nichts Besseres. Und die Wartezeit, bis Superman endlich returnt, verkürzt der Film allemal.

X-MEN 3

Premiere: 23. May 2006
Director: Brett Ratner
Cast: Patrick Stewart, Hugh Jackman,
Halle Berry, Famke Janssen

24. May 2006

**«The Last Stand» macht niemandem ein X für ein U vor,
aber mögen kann man ihn trotzdem irgendwie...**

Ach, ist es schön, wieder einmal positiv überrascht zu werden.
Nachdem ich die diversen himmelschreiend schlechten Kritiken
über «X-Men: The Last Stand» auf aintitcool.com gelesen hatte,
machte ich mich schon einmal auf eine ziemliche Katastrophe
gefasst. Und welch Wunder – diese Vorbereitung bescherte mir
einen doch ziemlich befriedigenden Kinoabend.

Nicht, dass mich jetzt irgendwer falsch versteht: Der dritte Teil
ist nicht grade ein Meisterwerk und ab und an zweifelt man an
der Kompetenz der Macher, z.B. wenn Magneto innert Sekunden
mal eben die Golden Gate Bridge ein wenig umbaut, es dann aber
in noch kürzerer Zeit plötzlich eindunkelt. Gut – San Francisco
liegt ziemlich nah am Ekuator, aber bitte, auch Leuten wie mir,

die sich normalerweise an solchen Logiklöchern nicht allzu sehr stören, stösst das irgendwie sauer auf.

Nein, aber da ich wieder einmal das Allerschlimmste erwartet hatte, wurde ich positiv überrascht. Denn zu unterhalten weiss «X-Men 3» auf jeden Fall. Ich stellte mir gar vor, dass es passieren könnte, dass man, wenn man nur die letzten paar Minuten der Trilogie zu sehen bekäme, man wirklich das Gefühl haben könnte, da habe man etwas wirklich episches und tolles verpasst. In Tat und Wahrheit finde ich die Ganze X-Men Verfilmungskiste eher durchschnittlich im Vergleich mit Glanzlichtern wie der Spider-Man Reihe oder der Rückkehr von Batman.

Insgeheim frage ich mich darum, warum mir denn diese X-Filmchen nicht so richtig schön reinbrettern wie z.B. die Matrix-Trilogie, die mich doch ziemlich begeistern konnte. Weiss auch nicht, wahrscheinlich einfach nicht ganz so schön durchgestylt in Form und Inhalt wie die Wachowskis beispielsweise so was machen. Irgendwo fehlts den Filmen einfach.

Das Positive: Ihren Teil des Kinotickets mehr als verdienen tun vor allem Logan, Erik und vielleicht noch Hank, die wirklich zu überzeugen und vor allem zu unterhalten wissen. Die Superkraft der meisten anderen Mutanten scheint es dagegen zu sein, zu nerven oder einfach herumzubitchen, wie z.B. Rogue, die sogar nach der Kur diese Fähigkeit nicht verloren zu haben zu scheinen tut.

Ich will übrigens gar nicht erst in die Diskussion einsteigen, was die Authentizität zum Comic anbelangt, denn obwohl mich die

Comics früher mal ziemlich zu begeistern wussten, befasste ich mich zu wenig mit der «Gruppe X» wie sie bei uns hiess. Aber auch wenn das eine oder andere Detail nicht ganz der Vorlage entsprechen sollte,... ich meckere ja auch nicht am nächsten Spider-Man herum, obwohl ich allen guten Grund dazu hätte: Denn in «Spider-Man 3» wird eine junge Frau namens Gwen Stacy (Bryce Dallas Howard) auftauchen. Wohlgemerkt dieselbe Gwen Stacy die in meinem allerallerersten «Die Spinne» Comicheft vom Kobold umgebracht wird. Dies geschieht BEVOR Peter Parker Mary Jane kennenlernt, versteht sich. Aber eben, da sag ich ja auch nichts, obwohl mich zugegebenermassen die ganze Dark Phoenix Storyline (die ich dummerweise nicht kenne) doch ziemlich interessiert hätte, insbesondere nachdem sich online unzählige Kritiker darüber beklagt hatten, davon sei nichts, aber auch gar nichts nicht einmal angetönt worden im Film, nachdem am Ende vom zweiten Teil die Phoenix so schön angekündigt wurde.

Zum Abschluss möchte ich nur noch eins loswerden, das wohl allen auf der Zunge liegt, die den Film schon gesehen haben: Warum in Gottes Namen verpassten sie dem jungen Charles Xavier keinen megamässigen Afro in der Rückblende zu Beginn des Filmes? Da wurden Perlen vor die Säue gestreut.

Nunja, ich will die Zeit des geehrter Lesers nicht länger für dieses belanglose Gewäsch vergeuden, obwohl beispielsweise meine Kritik zu «Brokeback Mountain» erst vor kurzem mit Superlativen ausgezeichnet wurde: Als «Die wohl dümmste Kritik» wurde mein Text bezeichnet. Na ja, das muss man auch erst mal können.

Noch etwas in eigener Sache: Per sofort verfasse ich meine Texte im Stil eines Blogs, was nidwirkli.ch ja im Grunde auch ist. Das heisst ich pfeiffe auf Grammatik und Orthorexie und werde mir nicht mehr stundenlang irgend einen schönen Text aus den Fingern saugen, den am Schluss eh nur die wenigsten, nennen wir stellvertretend Meltman und Valserboy, zu schätzen wissen.

THE DA VINCI CODE

Premiere: 17. May 2006
Director: Ron Howard
Cast: Tom Hanks, Audrey Tautou, Jean
Reno, Ian McKellen

24. May 2006

Zwar mit dem grossen McKellen angerührt, aber leider...

Stunden-, ja tagelang habe ich an meiner «The Da Vinci Code» Besprechung herumgebastelt, um einen dem Film möglichst gerecht werdenden, kryptischen Text abliefern zu können. Da hätte selbst Columbo Monk zu Hilfe rufen müssen, um auch nur annähernd darauf zu kommen, von was ich denn eigentlich schreibe.

Doch in letzter Zeit muss ich meine Zeit einteilen und so gönnte ich es mir, der brasilianischen Fussballnationalmannschaft in Weggis für 25 Franken beim Zehennägelkauen zuzuschauen. Als ich wieder heimkam, hatte mein Hund den Computer gefressen... Zum Trost gibt's wie immer meine ebenso subjektive wie unfehlbar treffende Kurzanalyse. (Die beim Zügeln leider verloren gegangen ist.)

MISSION IMPOSSIBLE 3

Premiere: 3. May 2006
Director: J.J. Abrams
Cast: Tom Cruise, Michelle Monaghan,
Ving Rhames, Philip Seymour Hoffman

24. May 2006

Dann lasst es eben sein, wenn's nicht möglich ist…

An dieser Stelle wollte ich ja eigentlich endlich meine Kritik zu «Mission Impossible 3» präsentieren. Ich kann mit stolz behaupten, dass dies einer meiner besten Texte geworden ist – was leider ganz im Widerspruch mit der dramaturgischen Qualität des Filmes steht.

Leider konnte ich mich wieder einmal nicht zurückhalten und Scientology kam aufgrund einiger Randnotizen in meiner Kritik ziemlich schlecht weg.

Dies ist auch der Grund, warum Tom Cruise im letzten Moment einen Gerichtsbeschluss erwirkt hat, um meine Kritik vor der Veröffentlichung zu stoppen. Ausserdem muss ich mich in Zukunft mindestens 500 Meter von seinem Grinsen entfernt halten.

STAY

Premiere: 21. October 2005
Director: Marc Forster
Cast: Ewan McGregor, Naomi Watts,
Ryan Gosling, Kate Burton

25. March 2006

Abt.: Die langen Beine des E. McGregor

Oh Mann, wie ich damals «Monster's Ball» hasste. Ich weiss bis
heute nicht, ob es an meiner persönlichen Einstellung an besag-
tem Tag oder an Halle Berry lag, die ich nun mal einfach nicht
schmöken kann. Ich glaube, ich bewertete den Film damals nicht
einmal auf nidwirkli.ch, die wohl schlimmste Erniedrigung für
einen Film...

Oh Mann, wie ich es Marc Forster gönne, dass er in Hollywood
Fuss fassen konnte und uns darum Filme wie «Stay» bescheren
kann. Ein Quäntchen Nationalstolz schwingt dabei wohl auch
mit, obwohl ich vorhin erfahren musste, dass Forster gar nicht in
der Schweiz, sondern in Deutschland geboren wurde. Aber das
kann ja passieren. Schliesslich war der erste Oscar-Preisträger
als bester Schauspieler Emil Jannings im Jahre 1929 (für «The
Last Command») ebenfalls ein gebürtiger Schweizer, der später
aber seine Schauspielkünste weniger in schwarz-weissen als in

braunen Produktionen unter Beweis stellen sollte. Aber das kann ja passieren, schliesslich musste ich vor einiger Zeit erfahren, dass das amtierende Oberhaupt der katholischen Kirche früher für kurze Zeit auch eher braune als purpurne Uniform getragen haben soll. Aber das kann ja passieren, schliesslich... aber lassen wir mal gut sein.

Im Grunde ist der wahre Verdienst Forsters, einen solch phantastischen Film wie «Stay» in der Verkleidung eines Thrillers überhaupt in die Kinos zu bringen.

Obwohl jeder, der das Pech hatte, schon mal mit mir über das Thema zu diskutieren, weiss, wie ich Videokunst hasse, wäre «Stay» genau das, was ich von dieser Sparte der Kunst erwarten würde: Video UND Kunst - Visueller Overkill (nicht negativ gemeint), wunderschöne Schnitte, Übergänge, und Arrangements wie aus dem Lehrbuch für... na eben, aus dem Lehrbuch «Videokunst wie sie sich der Host vorstellt im 21. Jahrhundert». Dazu nicht irgendwelche verwirrte egozentrischen Künstler, die sich ständig nur nackt abfilmen, weil sie erstens provozieren wollen und zweitens leider keine Freunde mehr haben, die sie ablichten könnten, sondern der unvergleichliche Ewan McGregor, dessen schalkhaftes Grinsen aus «Down with Love» ich gerne mit dem von Peter Sellers in «Casino Royale» vergleiche. Auch der unverwechselbare Brian Gosling [sic], der mir bis anhin unbekannt war und den ich beinahe mit Ben Foster aus «Six Feet Under» und «X-Men 3» verwechselte, scheint mir eine Erwähnung als superber Actor wert zu sein. Am liebsten würde ich ja den Begriff «Mindfuck» als treffendste Beschreibung von «Stay» benutzen, leider käme die Verwendung jedoch Diebstahl geistigen Eigentums gleich, da ich den Begriff in Zusammenhang mit «Stay» gestern auf www.outnow.ch gelesen habe. Drum versuche ich meine (nicht ganz unbegrenzte) Begeisterung in eigene Worte zu fassen:

Was viele Kritiker und Gäste von «Stay» als negativ bewerten, scheint mir, nebst der visuellen und handwerklichen Umsetzung des Filmes DER Pluspunkt des Filmes zu sein: Die Story lässt (zumindest bei einmaligem Anschauen des Filmes) keine eindeutige Interpretation zu, was denn überhaupt geschehen ist. Zumindest nicht sofort. Denn wenn man sich ein wenig überlegt, was man denn eigentlich gerade auf der Leinwand gesehen hat (und als Homo Oeconomicus, nein das hat jetzt nichts mit «Brokeback Mountain» zu tun, will man ja wissen, ob der Ticketpreis eine gute Investition gewesen ist oder nicht), stellt man fest, dass man so ziemlich jede Theorie, die einem im Rahmen der Logik des Filmes in den Sinn kommt, zulassen könnte. Einerseits wirkt das verunsichernd, andererseits zeichnet das den Film aus und gibt im in der Kategorie «Kinoerlebnis» mindestens so viel Punkte wie er für die visuelle Umsetzung erhalten würde.

Da diese Art des Thrillers (obwohl ich mir nicht einmal sicher bin, ob dies für «Stay» die treffendste Bezeichnung ist) durch seine Einladung zur mehr oder weniger freien Interpretation der Story nicht die ohrfeigende Wirkung hat, wie man sie am besten in «Fight Club» oder «The Sixth Sense» erleben durfte, beansprucht der Film am Ende durch einen formal und inhaltlich überraschend klaren Schluss für sich, nicht nur ein verwirrender, kruder Mix ohne Sinn und Plan zu sein, sondern vermittelt den Eindruck, dass sich auch in diesem, für das Publikum ziemlich verunsichernde Vexierspiel zwischen Sein und Schein, Leben und Tod eine klare Idee und eine eindeutige Auflösung verstecken - wenn man sie nur erkennen würde. Ich könnte mir sogar vorstellen, dass hinter «Stay» eine perfekte, sehr wohl Sinn machende und, einmal durchschaut, simple Geschichte steckt, deren Umsetzung von Marc Forster eine zusätzliche, wertvolle Ebene erhalten hat, nämlich die der Illusion der Offenheit und Unverbindlichkeit.

Kombiniert mit der kunstvollen handwerklichen Präsentation der Geschichte und den exquisiten Schauspielern ergibt sich daraus ein Leckerbissen, auf den man sich auf jeden Fall einlassen sollte.

INSIDE MAN

Premiere: 23. March 2006
Director: Spike Lee
Cast: Denzel Washington, Clive Owen,
Jodie Foster, Christopher Plummer

25. March 2006

Nepper, Schlepper, Bauernfänger

Ich nenne mich «Host». Lest die folgenden Zeilen behutsam, denn ich werde jeden Satz nur einmal Schreiben (alles andere wäre wohl auch ziemlich bescheuert). In den vergangenen paar Minuten habe ich mir die perfekte Kritik zu «Inside Man» ausgedacht. Das ist das «Was». Das «Wo» ist gleich hier, auf dieser Website. Das Keyboard vor mir ist das «Wie». Warum ich das tue? Weil ich es kann. Das «und warum noch mal sollte dieser Text perfekt sein, mir scheint, der ist ziemlich willkürlich und eher durchschnittlich und meilenweit von Perfektionismus entfernt» ist die Tatsache, dass ich besagte perfekte Zeilen leider vergessen habe, bevor ich sie notieren konnte.

Und das ist das «Pech», das wir beide haben, denn die nächsten paar Minuten werden wir uns beide mit einer Besprechung von «Inside Man» herumschlagen, die kaum die Kilobyte wert ist, die sie an Speicher vergeudet. Und Du kannst mir glauben, wenn ich schreibe, dass mir das hier genau sowenig Spass macht wie dir.

Doch genug zu mir, sprechen wir von einem anderen kleinen, zornigen Mann: Spike Lee. Was er mit «The 25th Hour» begonnen hat, führt er mit «Inside Man» solide weiter, nämlich, sich erneut von seinen häufig sehr politischen Stoffen zu entfernen (für solche Sachen haben wir ja jetzt den Dschordsch Kluni). Er lässt diesmal sogar auch wieder ein paar Weisse mitspielen.

Er erlaubt sich, einen etwas leichteren Stoff zu verfilmen – natürlich nicht, ohne dabei einige Seitenhiebe auf schwelenden Rassismus, und das verschwinden der Freiheitsrechte seit 9/11 mit einzuflechten. Weiss man, dass bei «Inside Man» Spike Lee federführend war, könnte man in einigen Szenen sogar ziemlich treffende Parabeln zum fragwürdigen «Patriot Act» erkennen. Und sogar die Familie Bush bleibt nicht ganz unangetastet.

Das bemerkenswerteste an «Inside Man» ist aber, dass es sich dabei um einen ziemlich gelungenen und funktionierenden Heist-Movie handelt. Zwar erreicht er zu keiner Zeit den Charme von «Ocean's Eleven» oder «Ocean's Twelve» (schon wieder eine Klammerbemerkung, in der es um George Clooney geht, das entwickelt sich langsam zu einem Fetisch, insbesondere, da dieser Einschub purem Selbstzweck dient), ist aber nicht minder unterhaltend.

Es liegt im Ding der Sache, dass ein Film dieses Genres nur funktioniert, wenn die Story dem Publikum immer einer Nasenlänge voraus ist. Eine durchsichtige Story oder ein allzu hanebüchenes

Überraschungs-Ende nimmt dem Film die ganze Existenzberechtigung. Diesen Anspruch erfüllt der Film vollends. Zwar reisst einen der Film nicht grade meilenweit vom Kinositz, amüsant und spannend ist das ganze aber auf jeden Fall geworden, denn auch an Humor mangelt es «Inside Man» nicht, da er auch mit einigen wirklich amüsanten Szenen aufwartet.

Besonderes Vergnügen bereitet das Spiel von Clive Owen, Denzel Washington, Jodie Foster und Willem Dafoe, die alle, wie es scheint, die Sache nicht allzu ernst nehmen, es aber sichtlich geniessen, mehr oder weniger gegen ihre gewohnten Rollenkategorien anzuspielen: Washington als grenzkorrupter Detective, Jodie Foster als «magnificent cunt», Clive Owen als ehrenhafter Schurke, Willem Dafoe als Polizist und Christopher Plummer als intrigierender Bad Guy – na ja, so ganz unbekannt kommen uns diese Besetzungen bei wiederholter Überlegung wohl doch nicht vor.

Aber eben, ich habe nie behauptet, dieser Text sei perfekt.

SYRIANA

Premiere: 9. December 2005
Director: Stephen Gaghan
Cast: George Clooney, Matt Damon,
Amanda Peet, Kayvan Novak

11. March 2006

Clooney for President

Dschordsch Kluni, alter Schwede! Im ernst, der Mann kommt
mir immer mehr wie einer unserer nördlichen Nachbarn vor: Die
ganze Welt liebt ihn, niemand mag ihm was böses, Frauen wollen ihn, Männer wollen sein wie er, jedermann würde ihm ohne
mit der Wimper zu zucken ein schlechtes Möbelstück abkaufen
und selbst gegen einen zukünftigen Vizepräsidenten Jon Stewart
neben seinem neuen Vorgesetzten George Clooney hätte man
nichts einzuwenden. Sein Kabinett wäre nicht minder gut aus-
sehend und setzte sich aus Julia Roberts, Matt Damon, Steven
Soderbergh, Grant Heslov und vielleicht Brad Pitt, wenn ihn die
Jolie mal zum Spielen rauslässt, zusammen.

Und wie Schweden gegenüber Finnland hat auch Clooney einen
nicht zu unterschätzenden Vorteil gegenüber anderen Künst-
lern wie,... nun sagen wir mal Salman Rushdie: Er hat der isla-
mischen Welt nämlich bis anhin keinen Grund gegeben, ihn

umzubringen. Ausser vielleicht den einen, wofür ihn die westliche und östliche Welt gleichermassen hassen dürften: «Batman & Robin». Aber wie er in seiner Oscarrede erneut unter beweis stellte, ist er immer noch im Begriff diesen Missgeschick zu verarbeiten. (Und unlängst bemerkte er auf die Frage, ob er nicht auch mal einen Schwulen spielen würde, dass er dies in «Batman & Robin» doch schon getan hätte, das Kostüm hätte schliesslich Nippel gehabt.) Man sieht, der Mann ist um Katharsis bemüht und man sollte ihm diesen Versehen nicht länger nachtragen (Wenn nötig, kann man ja noch auf anderen Jugendsünden herumreiten. Stichwort: Tomaten).

Auch «Syriana» wird wohl Kluni's Höhenflug keinen Abbruch tun. Momentan würde er sich wohl sowieso eher in Guantanamo Bay als in einer arabischen Folterkammer wieder finden. Obwohl Kluni in «Syriana» zwar «nur» Nebendarsteller und Executive Producer war, ist es unübersehbar, dass in letzter Zeit überall ein wenig Kluni drinsteckt, wo Bush-Kritik draufsteht.

Und auch in «Syriana» wird uns vor allem eines klar gemacht: Korruption und Gier sind keine Frage der Religion und Geld, Macht und Recht stehen auf der Seite derer, die vor allem drei Dinge für sich beanspruchen können: Geld, Macht und genügend Anwälte. Wer dann noch die Richtigen Leute kennt und nicht allzu zimperlich mit dehnbaren Begriffen wie Freund und Feind,

Loyalität oder Gerechtigkeit ist, kann es weit bringen. Holla, es wird ja beinahe politisch heute.

Bevor George Bush eine Flotte Tarnkappenbomber auf meinen Server loslässt, wechsle ich schnell zu unverfänglicheren Statements über die filmischen Qualitäten von «Syriana»:

Das beste zu Beginn: Der Film glänzt vor allem durch seinen sauberen Soderbergh-Look (Er war ja schliesslich einer der anderen Executive Producers bei «Syriana») und seine Darsteller: Nebst dem nun verdientermassen Oscar-geschmückten George Clooney, glänzen vor allem Alexander Siddig, Amanda Peet, Christopher Plummer und Chris Cooper, um den man in letzter Zeit sowieso nicht herumkommt. Auch Matt Damon darf wieder mitmachen, bleibt aber bis auf weiteres bei seiner bewährten «Matt Damon is Jason Boring» Nummer.

Die erwarteten Verständnisprobleme aufgrund eines angeblich zu verzwickten Plots blieben glücklicherweise aus, wenn man sich ein wenig konzentrierte. Da konnte man sich schon mal ein Nickerchen zwischendurch leisten, denn wahnsinnig spannend ist der Film nicht, obwohl er eine gewisse Angespanntheit etablieren kann. Empfehlen kann ich ihn allemal. Auch wenn nicht immer gleich alles zum absoluten Meisterwerk wird, wo Soderbergh und Clooney (oder ihre Produktionsgesellschaft «Section Eight Productions») zum Zuge kommen, sehenswert waren die Resultate bis anhin zumindest immer. Freuen wir uns auf «The good German» (2006), «Ocean's Thirteen» (2007), «Michael Clayton» (2006), «A Scanner Darkly» (2006). Und wer nicht so lange warten kann, sollte sich bei Gelegenheit mal «Waiting for

Woody» aus dem Jahre 1998 anschauen. Unter der Regie von Grant Heslov macht Kluni das, was er eigentlich immer macht und auch am besten kann, er spielt sich selbst.

LORD OF WAR

Premiere: 16. September 2005
Director: Andrew Niccol
Cast: Nicolas Cage, Ethan Hawke, Jared
Leto, Bridget Moynahan

11. March 2006

Abt.: Frieden schaffen,... mit Waffen!

Nun ja, aufgrund der Qualität von «Lord of War» hätte ich mir
ja wirklich mehr Zeit nehmen müssen, mir einen etwas ausführ-
licheren Bericht über den Film aus den Fingern zu saugen... Aber
eben, die Zeit.

Drum lass ich's mal bei einem einfachen Imperativ bewenden:
«Lord of War» sollte man nicht verpassen! Keiner der in diesem Jahr nicht gerade unzahlreichen US-kritischen Filme ver-
eint Unterhaltung, Zynik und kritischen Anspruch so gekonnt
wie «Lord of War». Der Film bringt den nötigen Witz mit sich,
um die ganze Sache nicht so staubtrocken wie die Wüsten Szenen in «Syriana» versanden zu lassen und zeichnet auch nicht
ganz so schwarz-weiss wie dies «Good Night and Good Luck»
tut. Das ganze kommt dafür tief-grau daher, umso mehr, da
man eigentlich die ganze Zeit mit dem bösen Buben mitfiebert.
Ein in letzter Zeit ebenso beliebter wie erfolgreicher Kniff die

Identifikationsfiguren diametral zur moralischen Common Sense zu setzen. Es mag stimmen, dass all die genannten Filme sehr ernste Themen behandeln, doch meist wird einem der Zugang zum Stoff doch erst durch den nötigen Witz so richtig schmackhaft gemacht.

Dazu gibt's endlich wieder einmal einen überzeugenden Nicolas Cage, dem ich die Abwechslung eines künstlerischen Erfolges nach vermurkstem Zeug wie «National Treasure» oder Lisa Marie Presley wirklich gönne. Ethan Hawke, von dem ich bis heute nicht weiss, ob das «e» am Schluss stumm ist oder nicht, spielt dazu schon fast gewohnt brillant wie immer.

Was soll ich noch mehr schreiben? Gekonnte Inszenierung, originelle Story, dazu Anspruch und Kritisches Gedankengut... Was will man mehr? Anschaun! Kritischer und besser wird's in diesem Kinomonat nur noch in «V for Vendetta».

CAPOTE

Premiere: 3. February 2006
Director: Bennett Miller
Cast: Philip Seymour Hoffman, Clifton
Collins Jr., Catherine Keener, Allie Mickelson

11. March 2006

In cold blood – On empty stomach.

Manchmal liebe ich es, ein Arschloch zu sein. Ziel des Samstag
Nachmittags wäre eigentlich gewesen, mich kurz zu verköstigen
und dann nach getanen Speis und Trank in Ruhe endlich eine
Kritik zu «Capote» und vielleicht sogar zu «Syriana» zu verfassen.
Nachdem ich jedoch beim Italiener fast eine Viertelstunde
erfolglos auf ein Lebenszeichen einer Bedienung gewartet hatte,
kam mir, inzwischen doch etwas ungeduldig und genervt, eine
Idee, die ich umgehend in die Tat umsetzen sollte:

Als sich die Frau Oberin endlich dazu herunterliess, mich zu
berücksichtigen, entschied ich mich spontan (na gut, ich hatte
ja mehr als genug Bedenkzeit) dazu, nun doch nichts zu essen,
sondern bestellte nur grimmig einen Kaffe und ein Glas Wasser
(welches ich nie zu Gesicht, geschweige denn zu den Lippen
bekommen sollte) und zahlte auch gleich den geforderten Betrag

– auf den Rappen genau, weil es laut angaben der Kellnerin gerade zu wenig Münzgeld im Umlauf war.

Die Essutensilien vor mir wurden daraufhin leicht verwirrt zur Seite geräumt, worauf ich genüsslich mein kleines schwarzes Moleskine Notizbuch (der Kenner liest und weiss, das ist das Notizbuch, in das angeblich schon Van Gogh, Hemingway oder Matisse geschrieben haben sollen. Meines war zwar leer, als ich es kaufte), in das ich meine Kritiken zu schreiben pflege. FILM Kritiken versteht sich, nicht Gastrokritiken. Aber das weiss ja die überforderte Dame in Weiss nicht. Also warf ich erneut einen kritischen Blick in meine Kaffeetasse und begann mit hochgezogenen Augenbrauen zu schreiben. Hätte ich meine schwarzgerandete Brille mit mir gehabt, hätte ich diese wohl kurz von der Nase genommen, sie poliert und mich kopfschüttelnd geräuspert. Auch ohne dieses unverzichtbare Utensil der intellektuellen Kaste liess ich es mir nicht nehmen, ab und zu einen bösen Blick in Richtung Kasse und auf die gedeckten Tische zu werfen, nur um den Moment noch ein wenig auszukosten.

Vom Hunger schon sichtlich geschwächt, hoffte ich geradezu, sie würde noch einmal an meinen Tisch kommen, um mich zu fragen, ob ich denn noch etwas bestellen möge, nur um ihr ein vernichtendes «Nein, jetzt mog ich auch nicht mehr!» entgegenzuschmettern.

Während ich also meine Gedanken zu «Capote» niederschrieb, mit fuchtigem (schönen Dank an den Thesaurus) Blick und von einem in newton'schen Universum nicht mehr messbaren Blutzuckerspiegel gezeichnet, liess ich sie noch eine Weile in ihrem eigenen Saft schmoren – kaltblütig – bevor ich mit letzter Kraft auf den Weg zur nächsten, hoffentlich gastfreundlicheren Taverne machte.

Nach eben beschriebenen prägenden Ereignissen sah ich die in «Capote» geschilderten Ereignisse mit völlig anderen Augen. Erst jetzt erfasste ich die Tragweite der Begegnung zwischen dem Schriftsteller und Perry Smith und den schicksalhaften Gegebenheiten, die darauf folgen sollten.

Es ist dem Hauptdarsteller Philip Seymour Hoffman's ~~genialem kongenialen ingeniösen~~ mehr als gutem Spiel zu verdanken, dass man sich auf die doch wohl ebenso treffende wie gewöhnungsbedürftige Interpretation des exzentrischen (O-Ton: «Ich bin süchtig. Ich bin Schwul. Ich bin ein Genie.») Schriftstellers überhaupt einlässt. Hat man sich jedoch einmal an die eigenwillige, schwer einzuordnende Figur und vor allem an ihre näselnde Fistelstimme gewöhnt, eröffnet sich dem Zuschauer ein interessantes Stück amerikanische Literaturgeschichte.

Die treibende Kraft des Dramas bleibt dabei bis zum Schluss das moralische Dilemma, in das Capote immer stärker hineingezogen wird und das ihn schliesslich vollends einnimmt. Die daraus entstehende Konfrontation mit den eigenen Moralvorstellungen und voyeuristischen Neigungen des Zuschauers mag zu Beginn zwar faszinierend und interessant sein, vermag aber nicht über die gesamte Spielfilmlänge zu fesseln.

Zudem bleibt trotz Hoffman's gekonntem Spiel das Gefühl zurück, bei der Zeichnung des zweifellos komplexen Charakters Capote's sei so manches unter den Tisch fallen gelassen worden.

Den Oscar mag ich Philip Seymour Hoffman gönnen, obwohl ich persönlich Joaquin Phoenix den Vorzug gegeben hätte. Wenn schon nicht für «Capote», dann hat Hoffman ihn verdient für seine unzähligen und unverwechselbaren Nebenrollen, die er über die Jahre so einzigartig verkörperte. Auf jeden Fall darf man gespannt sein, was Hoffman als Bad Guy in «Mission: Impossible 3» für eine Figur machen wird.

BROKEBACK MOUNTAIN

Premiere: 25. December 2005
Director: Ang Lee
Cast: Jake Gyllenhaal, Heath Ledger,
Michelle Williams, Randy Quaid

19. February 2006

**No sheeps were harmed during the making of this movie
– at least not if they didn't wanted to.**

Ich frage mich, wie sich Ang Lee fühlt: Freut er sich darüber, dass
sein neuestes Werk gleich für acht Oscars nominiert wurde oder
ärgert er sich, weil der Film in der breiten Bevölkerung nicht als
«Brokeback Mountain» sondern als «Du weisst schon, der Film
mit den schwulen Cowboys» im Gedächtnis bleiben wird?

Zu Beginn fand ich die Betonung auf die sexuellen Neigungen
der beiden Hauptdarsteller ja auch etwas übertrieben, diese erste
Aufregung legte sich dann aber relativ rasch, als ich realisierte,
dass die von Heath Ledger verkörperte Figur ja gar nicht «Anus»
sondern «Ennis» heisst.

Dieser durch falsche Erwartungshaltungen hervorgerufene Irr-
tum ist ein passendes Beispiel dafür, wie Medien einen Film
ohne Rücksicht auf Verluste kategorisieren, verzerren und in

ein völlig falsches Licht rücken können. Schliesslich handelt die Geschichte von «Brokeback Mountain» von weit mehr als schwulen Cowboys; es geht nämlich um schwule Schafhirten, schwule Rancher und schwule Rodeoreiter. Daneben kommen auch ein paar nicht-schwule Charaktere in der Geschichte vor; Die meisten von ihnen werden von Frauen verkörpert und bei Randy Quaid bin ich mir nicht mehr so sicher, seit die Aliens aus «Independence Day» mit all den Sonden an ihm herumexperimentiert haben.

Vielleicht liegt es daran, dass Regisseur Ang Lee einen gewissen Exotenbonus mit sich bringt, vielleicht auch an diesem Making-of, in dem er erklärt, dass die wilde Kamerafahrt durch die Küche aus «Eat Drink Man Woman» durch den Anflug durch die Gräben des Todessterns aus «Star Wars» inspiriert worden war, auf jeden Fall bringe ich in Ang Lee Filme meist mehr Geduld mit als in vergleichbare Streifen mit gewissem Anspruch. Bisher wurde diese für meine Verhältnisse erstaunliche Offenheit bei jeder Gelegenheit mehr als belohnt. Die unvergleichbare Atmosphäre, die er beispielsweise in «The Ice Storm» geschaffen hat, beeindruckt und inspiriert mich immer wieder aufs Neue. Zwar kann ich das von «Hulk» nicht behaupten, der Film hat aber durchaus andere Qualitäten, die ihn von anderen Comicverfilmungen abheben; nur merkte man das vor lauter Effekten leider fast nicht.

Das Kunststück, mich während 134 explosionslosen Kinominuten im Kinosessel zu halten, gelingt ihm mit «Brokeback Mountain» erneut – wenn auch mit gewissen Abstrichen. Mit fast mystischen Bildern der ebenso rauen wie wunderschönen Landschaft kreiert er eine solch intensive Stimmung, dass es nur noch den passenden Soundtrack braucht, damit am warmen Lagerfeuer auch dem abgebrühtesten Marlboro Man mal nach kuscheln zu mute wird.

Dabei bin ich mir auch bei den grandiosen Hauptdarstellern Jake Gyllenhaal und Heath Ledger nicht ganz sicher, wie sie es angestellt haben. Aber die für die beiden wahrscheinlich eher neue Herausforderung, das Liebespaar in einer für Hollywood ungewohnten Amour fou glaubhaft und unaufdringlich darzustellen, meistern sie ebenso unauffällig wie überzeugend. Ich denke, der einzige Grund, warum nur Ledger, nicht jedoch Gyllenhaal für den Oscar als bester Hauptdarsteller nominiert wurde, liegt nur daran, dass <spoiler> Jack Twist einfach zu früh abtritt und nicht einmal eine dramatische Sterbeszene kriegt </spoiler>.

Gegen Ende weichte dann meine anfängliche Begeisterung über die ruhigen Bilder und die erstklassigen Schauspieler leider einer gewissen Langeweile, da sich die Story irgendwie im Kreis zu drehen schien.

Zum Schluss war ich zwar enttäuscht, dass bei einer Spielfilmlänge von mehr als zwei Stunden weder «YMCA» noch «I will survive» für den Soundtrack berücksichtig worden waren. Kurz darauf wich meine Enttäuschung aber einem Anflug von Erleichterung, als ich las, dass da eine Kurzgeschichte und kein ausgewachsenen Roman verfilmt worden war, denn so was kann ganz schnell zu weiteren Überlängen oder einem Sequel führen.

Bei aller Homophobie bleibt, nachdem die letzten Bilder des Abspanns den Projektor passiert haben, vor allem eine Frage im dunklen Kinosaal zurück: Steckt nicht in jedem von uns ein kleiner Schafhirte? Es ja kann ja auch jemand anderes als Heath Ledger sein.

WALK THE LINE

Premiere: 18. November 2005
Director: James Mangold
Cast: Joaquin Phoenix, Reese
Witherspoon, Ginnifer Goodwin, Robert Patrick

11. February 2006

Nur Bares ist Wahres...

Zu Johnny Cash will mir irgendwie so gar nichts Originelles ein-
fallen. Das könnte daran liegen, dass mir der Sänger vor (und
eigentlich auch nach) dem Besuch von «Walk the Line» ebenso
wenig vertraut war und ist wie Ray Charles, nachdem ich mir im
letzten Jahr Jamie Foxx in «Collateral» angeschaut hatte. Und
da ich vor geraumer Zeit schon die internationale Piero Esteriore
Lobby unwiederbringlich gegen mich aufgebracht habe, möchte
ich nun nicht auch noch die Johnny Cash Fans durch irgendwelche thematischen Fehler vergraulen.

Tja, was macht man in so einer Situation? Vor lauter Ratlosig-
keit stelle ich mein Fähnchen mal in den Wind und lasse mich
über die grandiose Leistung von Hauptdarsteller Joaquin Phoenix aus. Tut ja auch niemandem weh, schliesslich treffen die
Lobhudeleien über den Ausnahmeschauspieler (auch so eine
abgelutschte Bezeichnung) voll ins Schwarze. Offen gesagt war

Phoenix (nebst meiner journalistischen Verpflichtung) der einzige Grund, überhaupt in den Film zu gehen. Glücklicherweise wandelt sich diese doch eher einseitige Initialmotivation, sich «Walk the Line» überhaupt anzuschauen, bis zum Ende des Filmes zum eigentlichen Hauptargument, den Streifen auch wirklich zu mögen. (Manno, viel gekünstelter kann man einen Satz wohl nicht konstruieren.) Obwohl der Film mit einer Dauer von 136 Minuten nicht gerade durch seine Kurzweile glänzt, könnte man Joaquin Phoenix' Darstellung durchaus noch länger geniessen.

Nach der Vorstellung von «Walk the Line» kam ich mir trotzdem irgendwie immer noch wie ein Banause vor, etwa wie ein «Star Wars» - Fan, der ohne Handtuch auf einer «Hitchhiker's Guide to the Galaxy» - Convention erwischt wurde. Schliesslich wird Cash nicht erst posthum in allen Tönen gelobt, trotzdem ist mir seine Musik bis auf das obligate «Ring of Fire» und einer «Walk the Line» Interpretation von Leonard Nimoy immer irgendwie fremd geblieben. Von Phoenix' Performance fasziniert, schaute ich mir im Netz darum mal einige Fotos des echten JR Cash an während ich mir anhörte, wie der original Man in Black damals seine Stimme zu Cash machte. (Da klingelte gerade eben was in der Kasse für ganz miese Wortspiele.) Bei allem Respekt muss ich zugeben, dass der echte Cash mich wohl nicht so überzeugen und mitreissen hätte können wie Joaquin Phoenix es getan hat.

«Original Man in Black», «Ausnahmeschauspieler», «Ray Charles». Bis auf die Erwähnung der ebenfalls famosen Leistungen von Reese Witherspoon und Robert Patrick, welche ich ebenfalls nur unterstreichen kann, sollte ich eigentlich nun bis hierhin alles für eine solide 08:15 Kritik zusammenhaben, und im Fazit lässt sich ja auch noch das eine oder andere Schlagwort unterbringen:

Zusammenfassend kann man sagen, dass schon die gesanglichen und schauspielerischen Leistungen des Hauptdarstellers das Kinoticket wert sind, denn spätestens mit den Worten «Hello, I'm Johnny Cash» lässt er die Legende in Schwarz wie Phoenix aus der Asche steigen und könnte in diesem Jahr damit kleine Statuetten ebenso vergolden wie Cash's gesamten musikalischen Nachlass.

SAW 2

Premiere: 28. October 2005
Director: Darren Lynn Bousman
Cast: Donnie Wahlberg, Beverley
Mitchell, Franky G, Emmanuelle Vaugier

10. February 2006

Wer sagt denn, eine Schlüsselszene könne nicht am Anfang des Filmes stehen...?

Allein die Tatsache, dass sich ein Parlamentarier laut einer erfolgreichen (dhoa!? Könnte der Erfolg etwa an der Kostenlosigkeit der Publikation liegen?) Pendlerzeitung besonders für «Saw II» interessierte, weil darin eventuell unnötig brutale Szenen vorkommen, liess mich auch als nicht ausgesprochenen Splatter-Fan aufhorchen und zwang mich geradezu in ein Kino, in dem das Filmchen gezeigt wurde.

Zugegebenermassen (die Komplexität der Bewegungsabläufe, die in den Fingern nötig sind, um das Wort «zugegebenermassen» zu tippen, steht in einem unberechtigt schlechten Verhältnis zu seiner Nützlich- und Häufigkeit in meinem Sprach- und Schreibgebrauch; das ist fast so schlimm wie «nichtsdestotrotz», ein Wort, dessen Schriftbild und Klang mich ebenfalls immer wieder in staunen versetzt.) kam mir ein Stück Kino, das ebenso unbegründet wie forciert Gewaltdarstellung zelebriert, gerade recht nach einer enervierenden Woche voller Wischiwaschi-Schlagzeilen und -Politik über feinen Staub und weniger feine Protestaktionen gegen die Pressefreiheit.

An dieser Stelle geht der verantwortungsbewusste Leser, genau wie der Schreiber, zurück zum Beginn des letzten oder vorletzten Satzes, um zu erkennen, dass Klammern und eingeschobene Teilsätze nicht immer zur Verständlichkeit eines Textes beitragen und wird beim erneuten Lesen wohlweislich den Klammertext übergehen.

Was auch nicht besonders stören sollte, denn im Folgenden sei meine Meinung über «Saw 2» relativ schnell kundgetan, und ich denke, die Tatsache, dass mir das Erlebnis des ersten Teils abgeht, fällt dabei nicht mal so sehr ins Gewicht. In diesem Punkt kann ich «Saw II» gar ein Kränzchen winden, denn von einem hat mich der Film überzeugt: Ich muss mir unbedingt mal den ersten Teil auf DVD (oder Blu-Ray Disc oder HD DVD oder meinetwegen auch auf einer Wachstafel, falls sich die Pornoindustrie nicht entscheiden kann, auf welches Format sie und somit der Rest der Branche in diesem Jahrzehnt setzt) anschauen.

Während die Story in von ähnlichen Filmen gewohnter «Zehn-kleine-Negerlein» - Manier (wobei ich zum wiederholten mal bemerke, dass ich weiss, dass der Titel seit einigen Jahren politisch korrekt in «Da waren's nur noch Zehn» geändert wurde) seine Hauptakteure metzelt, erinnert der Film in seinem Minimalismus doch sehr stark an «Cube» und verliert trotz dieses unweigerlichen Déjà-Vus nicht mal sonderlich an Qualität, sondern macht das beste draus. Wo «Cube» jedoch durch eine Mischung aus Naivität und Innovation an Sympathien gewinnen konnte, wirkt «Saw II», bei allem Respekt, etwas unausgereift, was Spannungsbogen und Inszenierung anbelangt.

Doch was schreib ich, schlussendlich ärgerte ich mich am meisten darüber, dass nicht noch mehr fiese Fallen gezeigt wurden, und der Film gegen Ende erst relativ schnell auf eine Auflösung, dann auf ein fast erzwungen wirkendes Überraschungsende zusteuert.

Für einen, je nach Kondition amüsanten oder spannenden Donnerstagabend reicht «Saw II» allemal.

MUNICH

Premiere: 6. January 2006 **Director:** Steven Spielberg **Cast:** Eric Bana, Daniel Craig, Marie- Josée Croze, Ciarán Hinds	

28. January 2006

In München steht ein Hofbräuhaus, oans,... zwoa,... g'schossn!

Es gibt Tage, an denen muss man sich entscheiden: Schüttelt man eine belanglose Kritik über einen zwar äusserst gelungenen, aber wenig überraschenden Film von Steven Spielberg aus dem Ärmel oder spart man sich die Mühe? Angesichts der Tatsache, dass sich in diesem Ärmel seit längerem mehr Milben und Achselhaare als originelle Einfälle finden, ist die Idee verlockend, unter dem Einwand der Zeitnot auf eine ausführliche Kritik zu verzichten und dafür auf das bewährte ~~Mittel der Kurzanalyse zurückzugreifen~~. So wird den Lesern als Gegenleistung zur Abwechslung mal ein Stück wirklich nützliche Information geliefert: ~~Die Nominierten der Academy Awards 2006.~~

MATCH POINT

Premiere: 26. October 2005
Director: Woody Allen
Cast: Scarlett Johansson, Jonathan Rhys
Meyers, Emily Mortimer, Matthew Goode

20. January 2006

The Scarlett Letter

Es ist an der Zeit, dem werten Leser dieser bescheidenen Webseite einen Blick hinter die Kulissen der Entstehung einer Filmbesprechung zu gewähren. Eine Kritik schreibt sich nicht von alleine und nicht selten ist der Rezensent versucht, die Zeilen mit irgendwelchem Nonsense statt mit Fakten und Analysen zum Film zu füllen.

So beginnt eine pflichtbewusste Filmbesprechung bei der sorgfältigen Vorbereitung schon vor dem eigentlichen Kinobesuch. Selten wird einem die Entscheidung, welcher Premiere am Donnerstag der Vorzug zu gewähren ist, durch den Start eines konkurrenzlosen Blockbusters abgenommen und meist werden schon Tage vor der Premiere die einschlägigen Kulturfeuilletons konsultiert. Damit ist es aber noch nicht getan. Der Erfolg einer Kritik hängt nicht selten davon ab, wie es um das nationale und internationale politisch-soziale Gefüge und Befinden steht.

So bietet es sich geradezu an, in politisch brisanten Zeiten eher kritische und wichtige Filme wie «Jarhead», «Good Night, and Good Luck» oder «Munich» den Vorzug zu geben und beispielsweise die neue Komödie mit Jim Carrey zu depriorisieren. Auch entscheidet die globale und nationale Stimmung bis zu einem gewissen Grad, wie die Bewertung des Filmes letztendlich herauskommt. Im besten Falle geschieht diese Beeinflussung natürlich völlig unbewusst; abstreiten lässt sie sich jedoch kaum.

Unterm Strich bedeutet dies nichts anderes, als dass schon die Wahl des zu rezensierenden Filmes nicht von irgendwelchen persönlichen Neigungen oder Präferenzen abhängen darf, sondern das ganze globale und lokale Wechselspiel zwischen Politik, kulturellen und sozialen Gegebenheiten sorgfältig analysiert werden will, und die zu erwartende aktuelle Verfassung des Gastes beim Besuch von nidwirkli.ch und somit des gesamten deutschen Sprachraumes entsprechend gewichtet werden sollte. Man geht ja schliesslich nicht zum Vergnügen ins Kino.

Auch dem hier niedergeschriebenen Text liegt eine solch seriöse Vorbereitung zugrunde: Diese zeitaufwändige Abwägung von Für und Wider der einzelnen aktuellen Filmpremieren in der Schweiz führte zum Ergebnis, dass in «Match Point» die atemberaubende Scarlett Johansson mitspielt, während sie das in «Grounding» und sämtlichen anderen startenden Filmen nicht tut. Dieser Faktor erklärt, warum vorliegende Kritik den neuen Film von Woody Allen behandelt und nicht den Krimi über den Absturz der ehemaligen nationalen Airline. Und wer bin ich, dass ich mich über das Resultat eines solch transparenten Kriterien-kataloges hinwegsetzen wollte?

Ob und in welchem Masse der Film dann gefällt, hängt meist von einem klar vorgegebenen Analyseraster ab, in dem in sechs tech-nisch-handwerklichen (Musik, Montage, Darsteller,...) und sechs emotional-empirischen Kategorien (Unterhaltung, Anspruch, Rhythmus,...) zwischen 1 und 5 Punkte vergeben werden. Die Summe der Punkte entscheidet über die Benotung des Fil-mes. Wie der geneigte Leser spätestens jetzt bemerkt, hat diese Benotung jedoch meist nur herzlich wenig mit der eigentlichen Rezension des Filmes zu tun. Um das ganze zu vervollständigen, prangert über dem ganzen die gefühlte Bewertung, ebenfalls eine Note zwischen 1 und 5, die sich jedoch ebenfalls von der mathe-matisch hergeleiteten Note unterscheiden kann, aber in den Top Ten aus technischen Gründen (die beschränkten Programmier-techniken des Hosts) nicht berücksichtigt wird.

Wer hier also «nur» eine Kaufberatung fürs Kinoticket sucht, ist mit der unten stehenden Analyse bestens bedient und wird schon durch einen kurzen Blick auf die Punktebewertung erfahren, ob sich laut Host ein Besuch von «Match Point» lohnen wird oder nicht. All jene, die sich für Details, Hintergründe und Gedanken zum Film interessieren, lade ich ein, meine Texte zu lesen.

Die professionellen Beweggründe und komplexen Gedanken-gänge, die zu diesen Perlen der deutschen Belletristik führen, wurden ja mit diesem Beitrag zur Genüge behandelt. Darüber hinaus kann jeder, der seine Meinung kundtun möchte, ~~dies am Ende jeder Seite tun~~ oder wertvolle Informationen und

Meinungen wie z.B. «Du redest nur wirres Zeug [...]» mit anderen Besuchern teilen, indem er einen Kommentar zur Seite beisteuert.

GROUNDING

Premiere: 19. January 2006
Director: Michael Steiner
Cast: Hanspeter Müller, Gilles Tschudi,
László I. Kish, Rainer Guldener

20. January 2006

Pilotfilm

Ich gebe es ja zu: Ich bin überraschend begeistert von «Groun-ding». Wer hätte das gedacht? Ich würde an dieser Stelle ja gerne wieder mal einen Film ein wenig durch den Dreck ziehen. Und wenn ich ganz ehrlich bin, hätte es mich, nachdem ich mir letzt-hin den schrecklichen «Ring Thing» auszugsweise im TV angetan habe, nicht gewundert, wenn «Grounding» das Schicksal einer ebenso unbegründeten wie bösartigen Kritik meinerseits ereilt wäre. Nichtsdestotrotz muss ich zum wiederholten Mal fest-stellen, dass ich den so genannten Schweizer Film nicht länger unterschätzen sollte. Trotz neuem Logo scheint das mit «Beck und Bondi» oder «Black'n'Blond» und Pisa gefüllte SF Format kein repräsentativer Qualitätsausweis für das eidgenössische Kulturschaffen zu sein (was wohl die wenigsten überrascht);

doch was soll ich sagen? Nachdem Flip «Fascht e Familie» verlassen hat, habe ich mich nie mehr gross darum gekümmert.

Auch gemessen an meinen doch gar fragwürdigen Kriterien eines befriedigenden Kinoerlebnisses schneidet der Film über die letzten Tage der Swissair zweifellos überdurchschnittlich gut ab und braucht den Vergleich mit ebenso teureren wie ausländischeren Produktionen nicht zu scheuen. Im Gegenteil; Nicht zum ersten Mal machten sich die Schweizer Macher helvetische Themen und Eigenarten zunutze, ohne sie ins Lächerliche zu ziehen oder unnötig zu überhöhen. Was dabei herausgekommen ist, präsentiert sich als stimmige, professionelle und vor allem ungemein spannende und unterhaltende Produktion, ohne sonderlich übertrieben zu wirken, obwohl zahlreiche Klischees mit Nachdruck bedient werden. Sogar von einer von mir lange gehegten Vermutung, nämlich, dass Drama und Dialekt einfach nicht zusammen gehen, musste ich mich endgültig verabschieden; vor allem hätte ich mir nie träumen lassen, dass der Graubündner Dialekt je so herrlich fies tönen könnte wie hier.

An dieser Stelle ignoriere ich mal salopp, dass die Geschichte, die da erzählt wird, nicht zwangsläufig der ganzen Wahrheit entsprechen muss, denn gerade diese Stilisierung der realen Begebenheiten zugunsten der Dramaturgie macht den Film so geniessbar. In den einzelnen Handlungssträngen wird erstaunlich klar schwarz-weiss gemalt und man schämt sich nicht, im Dienste des Dramas Details wie etwa die fragwürdigen Abgangsentschädigungen der Verwaltungsräte wegzulassen. Kompromisslos werden stattdessen Manager zu Helden oder Feiglingen stilisiert und Bankenchefs zu Teufeln gemacht.

Obwohl «Grounding» stoffbedingt mit keinem überraschenden Ende aufwarten kann, schafft es der Film, ungemeine Spannung aufzubauen, was vor allem der gekonnten handwerklichen Umsetzung und der wirklich gelungenen Musik zuzuschreiben ist.

Da gönne ich zur Abwechslung doch allen beteiligten den enormen Publikumserfolg und freue mich auf den nächsten Politkrimi über den interkantonalen Beschwerdetourismus.

GOOD NIGHT, AND GOOD LUCK

Premiere: 16. September 2005
Director: George Clooney
Cast: David Strathairn, George Clooney,
Patricia Clarkson, Jeff Daniels

12. January 2006

**Trois couleurs: Rouge (en noir et blanc). (Mes félicita-
tions aux ceux qui peuvent déchiffrer ce jeu de mots.)**

George Clooney oder Dschordsch Kluni, wie ich ihn immer wieder gerne nenne, beweist mit «Good Night, and Good Luck»
nach seinem Regiedebüt «Confessions of a Dangerous Mind»
erneut, dass er halt doch mehr zu bieten hat als good looks and
ein Charisma, dass mann als durchschnittlich geschnittlauchter
Ladieshost einfach nur schwarz-weiss vor Neid werden kann. Die
Perfektion und Ernsthaftigkeit, mit der er uns den Film über die
Kommunistenjagd unter Senator McCarthy und die allgemeine
journalistische Verantwortung präsentiert, sucht im aktuellen
Kino seinesgleichen. Sicher, auch Stephen Spielberg's «Munich»
wird ebenso ernsthaft wie perfekt daherkommen, trotzdem wird
es dort wieder ziemlich unverkennbar spielbergeln, und obwohl
bei Kluni's Schwarz-Weiss Oeuvre wie schon bei seinem Erstling
«Confessions of a Dangerous Mind» der Einfluss von Soderbergh
unverkennbar durchdrückt, kommt der Film extrem nüchtern

und zurückhaltend daher. Dies macht «Good Night, and Good Luck» zwar unglaublich kompakt, stimmig und homogen, auf der anderen Seite fehlt es dem Film dadurch etwas an Ecken und Kanten. Glücklicherweise macht dies die intensive, nuancierte Performance des Hauptdarstellers David Strathairn, der neben einigen unscheinbaren Klunis, Downey-Juniors, Langellas und Daniels' mehr als wett.

Wenn während des Films dann zwischen den einzelnen, ich nenne es mal Akten wieder mal etwas Musik ertönt, und man die doch ziemlich komplizierten Dialoge und ausführlichen Untertitel verdauen kann, amüsierten sich zumindest einige meiner Hirnwindungen mit der Vorstellung, dass es nun nicht schaden könnte, wenn in der nächsten Szene ein Gastauftritt von Soderbergh, Damon, Roberts oder Cheadle das ganze etwas auflockern und eine kleine Anspielung auf den kommenden «Ocean's 13» machen würde. Leider (oder wohl eher glücklicherweise) konnte sich Kluni dabei zurückhalten und konzentrierte sich voll auf Authentizität und Story. Ob der Nüchternheit und dem Perfektionismus des Films kann sich vorstellen, dass ziemlich viel Herzblut des Journalistensohns in den Film geflossen ist; nicht umsonst bemerkt Kluni in Interviews gerne auch schon mal ungefragt, was für ein Fan er der guten alten Flimmerkasten-Zeit sei, als es noch Live-TV und richtigen investigativen Journalismus gab (im Gegensatz zum heutigen ziemlich indigestiven Fernsehprogramm).

In die von den meisten Kritikern angestimmten überschwänglichen Lobeshymnen über «Good Night, and Good Luck» möchte ich zwar nicht einstimmen; dazu ist mir der Film doch eine Spur zu clean und trocken, und das Thema der McCarthy Ära ist mir bei allen Parallelen zu Bush's «State of Fear» Politik doch zu wenig präsent. Trotzdem kann man sich den Film getrost anschauen. Ein ebenso spannender wie anspruchsvoller Kinoabend mit tollen Schauspielern, technisch mehr als solide umgesetzt, ist garantiert.

KING KONG

Premiere: 12. December 2005
Director: Peter Jackson
Cast: Naomi Watts, Jack Black, Adrien
Brody, Thomas Kretschmann

15. December 2005

Mach mir den Affen

Hurrrrrrraa! Selten so gut geschlafen wie in der Nacht auf heute. Während mir sein Brüllen noch in den Ohren klingt, kann ich dank Kong dem kommenden Jahresende beruhigt entgegenblicken, denn nach allerlei Schund und Enttäuschungen findet das Kinojahr 2005 mit Peter Jackson's «King Kong» ein ebenso bombastisches wie geglücktes Ende. Nicht selten wurde ich grade durch die am dringendsten erwarteten Knüller am meisten enttäuscht. Nicht so bei «King Kong».

Sicher, der Film ist nicht perfekt, und hätte ich nicht all meine schlechte Laune auf den Abstinker des Jahres «The Chronicles of Narnia» projiziert (und das zurecht), würde mein Review zu «King Kong» wohl nicht ganz so überschwänglich ausfallen. Ich könnte vieles kritisieren. Beispielsweise die dünne Handlung oder die Effekte, die sich nicht immer ganz nahtlos in den Rest des Geschehens einbinden (oder müsste man sagen, der Rest des

Geschehens, der sich nicht immer ganz in die Effekte einfügt?).
Aber was soll's? Jetzt habe ich so lange auf den Affen gewartet,
da soll nur irgend ein Kulturattaché kommen, und versuchen,
mir den Streifen madig zu machen. Der gute Herr Jackson hat
uns tausende von Stunden «The Lord of the Rings» geschenkt,
und nun erfreut er unsere Augen und Ohren erneut mit nicht
zu knappen drei Stunden affigem Popcorn Kino. What's not to
like? Obwohl die CGI Orgie vom allerfeinsten ist, könnte man
auch mäkeln, es sei mit einer etwas zu grossen Kelle angerichtet
worden, und viele der Effektszenen seien überflüssig. Aber nein,
auch das werde ich nicht tun; nein, ich werde mir diesen Spass
nicht verderben lassen.

Mitunter für meine Sturheit verantwortlich sind die Schauspieler des Films. Zu behaupten, «King Kong» sei am besten, wenn
weder Affe noch sonst irgendwelches Getier auf der Leinwand
erscheint, wäre angesichts der Effektfülle etwas übertrieben,
trotzdem ist es der sorgfältigen Einführung und Verkörperung
der Hauptcharaktere, allen voran Jack Black und Naomi Watts
und dann noch mal Jack Black, zu verdanken, dass nach der
ersten, eher ruhigen halben Stunde ohne Rücksicht auf Verluste
geklotzt werden kann, was das Zeug hält. (Mit der mir durch den
Staat Kalifornien übertragenen Vollmacht nominiere ich hiermit übrigens Jack Black als bester Jack Black in einem Film mit
Jack Black für einen Academy Award.) Darauf gibt's ein überaus

gelungenes Ende und einen zwar harmlosen, aber passenden Score.

«King Kong» ist also absolutes Pflichtprogramm für alle; nicht nur, um «The Chronicles of Narnia» an den Box Offices versauern zu lassen.

THE CHRONICLES OF NARNIA

Premiere: 7. December 2005
Director: Andrew Adamson
Cast: Tilda Swinton, Georgie Henley,
William Moseley, Skandar Keynes

8. December 2005

«Wenn einem so viel Mist widerfährt – das ist schon einen Aslan Uralt wert»

Die Frage stand ja im Raum, seit die ganze «Chronicles of Narnia» Marketing-Maschinerie diesen Sommer erstmals so richtig in die Gänge kam: Sollte Peter Jackson's meisterhafte Fantasy Trilogie «Lord of the Rings» den Rang als beste Fantasy-Verfilmung abgeben müssen? Die Antwort ist ganz klar ja; ist ja nur eine Frage der Zeit. Doch sicher nicht in näherer Zukunft, Denn die chronisch enttäuschende, überlange Geschichte über vier quengelnde, unsympathische Balgen, die wohl etwas zu sehr an den Mottenkugeln im Kleiderschrank eines fragwürdigen Professors schnüffelten, schneidet im unvermeidbaren vergleich mit der Tolkien Saga doch sehr, sehr enttäuschend ab.

Da denkt man noch, zumindest tricktechnisch habe sich trotz Ausreizung der technischen Möglichkeiten und Saturation (uhhhhh, schönes Wort) des Publikums sicher noch ein bisschen etwas getan, doch im nächsten Moment muss man staunend fest-stellen, dass es auch gegen Ende 2005 noch möglich ist, so miese Bluescreen-Aufnahmen zu verbrechen, dass man sich an die Rückprojektionen aus «Moby Dick» erinnert wähnt. Was eigent-lich schade ist, denn die Tricks an sich wären solide gemacht (ja, ja die CGI Mähne von Aslan ist technisch wirklich vom feinsten), nur haperte es wohl etwas beim Mischen mit den leidlichen Real-bildern.

Aber was schreib ich, auch das hätte den Film nicht auf die Stufe der absoluten Mittelmässigkeit katapultieren können.

Dem Film fehlt's anderswo: Da wären z.B. die nicht vorhande-nen Identifikationsfiguren: Ich hatte so gar keine Lust, mich mit einem rechthaberischen, arroganten Streber oder mit einem feigen Weichei zu identifizieren, geschweige denn mit einer der Schwestern, von denen noch nicht mal eine durch Jessica Alba verkörpert wird. Da war mir der Biber... lieber. Denn das ebenso geschwätzige wie verliebte Biberpärchen rettet den Film durch einige wirklich witzige Einlagen vor dem absoluten Niedergang. Hoffentlich merken das auch die Produzenten und ringen sich in Sachen unvermeidliche Fortsetzungen dazu durch, nur noch besagte Biber gegen die Eiskönigin (Tilda Swinton in der Rolle des einzig anderen erträglichen Elements im Film) antreten zu lassen. Na gut, Liam Neeson (Gesundheit!) dürfte auch noch was dazu sagen, wenn er will, so eine Stimme macht sich eben immer gut, obwohl mir seine beeindruckende Intonation von Aslan eher wie ein Echo aus einem wirklich guten Film vorkam, was in «Narnia» so gar nichts zu suchen hatte.

Zugegebenermassen ging ich schon mit einem schlechten Gefühl in den Film, zu viel hatte den Streifen im Vorfeld wie einen schlechten Abklatsch von «Lord of the Rings» aussehen lassen. Ironisch und zugleich traurig, dass im fertigen Film so gar nichts mehr ernsthaft an die Tolkien Trilogie erinnern mag. Ausser, dass einen ab und zu das Gefühl beschleicht, in Neuseeland seien die verkleideten Statisten damals bei den Dreharbeiten in zwei Gruppen eingeteilt worden. Wobei die glücklicheren Elben und Orks als Extras in die Filmgeschichte eingehen während die Minotauren und Zyklopen aus «Narnia» als Loser ein Plätzchen im kollektiven Filmunterbewusstsein gleich neben Jar Jar Binks finden. Und wirklich: Zwei riesige Armeen stehen sich in einer epischen Schlacht gegenüber...! Das gabs ja nun wirklich noch nie, ich war ja sooooooo gespannt, was nun wohl passiert. (Die letzten zwei Sätze wurden von der nidwirkli.ch Qualitätssicherung als ironisch klassifiziert.)

Vielleicht liest es der eine oder andere zwischen den Zeilen: «The Chronicles of Narnia» gefiel mir nicht wirklich. Und die Tatsache, dass dieser widerliche Oompa Loompa aus Charlie's Chocolate Factory auch in diesem Film wieder herumnervte, stimmte mich auch nicht gerade wohlgesinnter. Darum habe ich auch gar keine Lust, mich differenziert mit dem Streifen auseinanderzusetzen. Alle kinderlosen Pärchen können diese Weihnacht zur Abwechslung mal froh sein, dass sie von keinem Nachwuchs in einen grenzenlos überbewerteten Film gezogen werden. Denn wer in dieser kalten Jahreszeit richtig Lust auf einen guten Fantasystreifen hat, der schaut sich besser erst mal alle vier «Harry Potter» Filme an, bevor er sich einmal diesen in die Länge gezogene TV-Film antut. Um sich die Stunden bis zur Bescherung zu verkürzen, mag «The Chronicles of Narnia» ja genügen, aber bitte verschont das Kino mit solchen belanglosen Kinkerlitzchen.

THE EXORCISM OF EMILY ROSE

Premiere: 9. September 2005
Director: Scott Derrickson
Cast: Laura Linney, Tom Wilkinson,
Shohreh Aghdashloo, Campbell Scott

1. December 2005

Auf Teufel komm raus…

Warum, ja warum frag ich mich, bekomme ich bei gewissen Filmen immer der Wunsch auf, nach der Pause doch lieber in einem anderen Film zu sitzen, an den ich mich durch das Gesehene erinnert fühle? So geschehen bei «The Exorcism of Emily Rose». An den dünnen Kinowänden oder der Qualität des Films kanns nicht liegen, denn «The Exorcism of Emily Rose» ist alles andere als schlecht, soviel schon mal vorab, trotzdem fühlte ich mich einen Moment lang an «Constantine» erinnert. Ab diesem Punkt merkte ich, dass mir da was auf der Leinwand fehlt. Der Film nimmt sich irgendwie etwas zu ernst («based on a true story…»), was gemessen an Spannung und Horror, die er unterm Strich bietet, nicht gerechtfertigt scheint. Irgendwie kommt der Film auf diese Weise einfach nicht über das Mittelmass hinaus.

(Olla, da fällt mir gerade auf, dass ich faulheitsbedingt nie eine Kritik zu «Constantine» geschrieben habe; ich geb ihm 'ne Drei.)

Trotzdem wird der durchschnittlich abgebrühte Zuschauer in Sachen Suspense nicht enttäuscht, und die verstörenden Anfälle von Emily sorgen für einige angenehm unangenehme Momente. Die Grundidee, Justizkrimi und paranormalen Thriller zu kreuzen, funktioniert überraschend gut und gibt dem Film bis zum Schluss Drive. Doch leider schneidet sich die Geschichte dadurch gleichzeitig ins eigene Fleisch, denn durch ständige Zurückführung in die weniger paranormale Welt des Gerichtssaales verweigert sich die Geschichte, vollends im Horrorthriller aufzugehen. Die mässige Spannung, die auf der weltlichen Seite durch die Verhandlung parallel zur Austreibung aufgebaut wird, weiss dieses Manko leider nicht auszugleichen.

Die Frage, wie wahr die Geschichte der Rose Emily denn wirklich ist, wird zum Glück nicht allzu breit getreten, was der Geschichte zugute kommt, obwohl eine etwas pseudo-dokumentarischere Umsetzung sicher auch interessant gewesen wäre.

Man kann also zweifelsfrei behaupten, dass «The Exorcism of Emily Rose» mit «Constantine» so gut wie nichts gemein hat. Trotzdem weiss ich nun eine Antwort auf die anfangs gestellte Frage, warum mich der erstere denn an letzteren erinnern haben mögen könnte: Dazu nur soviel: «Constantine» - Darsteller Keanu Reeves kommt am Rande auch im neuen Roman «Lunar Park» von «American Psycho» Autor Bret Easton Ellis vor. Und seit mir dämmert, wie verzwickt und pseudo die pseudobiografische Geschichte um Ellis tatsächlich ist, krieg ich das ganze nicht mehr aus dem Kopf. Ich glaube, dabei haben sich einige Synapsen gebildet, wo keine hingehören. Womit auch geklärt wäre, was Emily Rose mit Jayne Dennis verbindet.

Ladies and Gentlemen, wir haben nun unsere Flughöhe erreicht und können uns nicht mehr weiter vom Thema entfernen, ich wünsche einen angenehmen Flug.

BROKEN FLOWERS

Premiere: 26. August 2005
Director: Jim Jarmusch
Cast: Bill Murray, Jessica Lange, Sharon Stone, Julie Delpy

23. November 2005

...und taten ihre Schätze auf und schenkten ihm Bill, Weihrauch und Murray. [Matthäus 2.1.]

Verdient «Broken Flowers» all die Vorschullorbeeren, die er von der nationalen und internationalen Presse bekommen hatte? Da so ziemlich alle mehr oder weniger einschlägigen Kritiken Jim Jarmusch's neuestes Werk feierten, musste man geradezu misstrauisch werden. Es war zu befürchten, dass der Film in dem Masse langweilig ist, wie er als «Meisterwerk» und «bester Film des Jahres», «minimalistische Ode an die Lethargie» oder ähnliches gelobhudelt wurde. Dass Bill Murray in der Rolle als ebenso knurriger wie liebevoller Stenz (was auch immer das bedeutet, aber schliesslich gab's auch mal einen Ghostbuster, der so genannt wurde, darum scheint mir die Bezeichnung mehr als passend) einfach nur glänzen kann, wissen wir schon seit «Lost in Translation» und «The Life Aquatic». Zum Glück funktioniert dieses Rezept erneut in «Broken Flowers» und man glaubt Jim

Jarmusch, wenn er behauptet, er habe die Rolle Murray auf den Leib geschrieben.

Entgegen meinen Befürchtungen vergingen die mehr als eineinhalb Stunden Film wie im Flug, und obwohl ich mich ab und zu auf andere Streifen vergleichbarer Länge besinnte und ich daran denken musste, was man in dieser Zeit alles in die Luft sprengen könnte, wird mir der Film in guter Erinnerung bleiben. Muss er ja auch; es macht sich ja immer gut, zu sagen, man hätte den letzten Jim Jarmusch gesehen und gemocht.

Allzu viel passieren tut auf Don Johnston's Road Trip in die Vergangenheit zwar nicht, doch die mitunter episodenhaft anmutende Montage mit sich wiederholenden Motiven schafft es, die Aufmerksamkeit auf den Film zurückzubringen, wenn die Kamera halt doch mal einen Moment zu lange auf einem stummen, gelangweilten Bill Murray geblieben ist und der stille Minimalismus halt doch einer gewissen Langatmigkeit weicht.

Obwohl «Broken Flowers» keinesfalls als unterkühlt zu bezeichnen ist, passt die ruhige Hommage an «Bill Murrays» minimalistisches Spiel (warum hat das eigentlich nie jemand über Silvester Stallone oder Steven Seagal geschrieben, zumindest nicht als Kompliment?) zur herbstlichen Jahreszeit, ich glaube man nennt sie «Herbst», wie die Faust aufs Auge. Gegen Ende wird der Film fast philosophisch und trotz eines an sich unbefriedigendem Ende lässt der Film ein gutes Gefühl zurück, was wiederum halt doch wieder geradewegs auf Bill Murrays Performance zurückzuführen ist.

Über die Qualität von «Broken Flowers» lässt sich streiten, aber zumindest mir hat der Film gezeigt, dass es trotz aller anders lautenden Befürchtungen auch Streifen abseits des Mainstream-Kinos gibt, die auf ihre eigene Art und Weise überzeugen können. Und ist dies schlussendlich nicht das einzige, was uns das Kino in der heutigen sonst doch so lauten, unsteten und auf Kommerz ausgerichteten Welt überhaupt noch bieten kann? NEIN! Und der 14. Dezember wird es mit dem Start von «King Kong» beweisen.

ELIZABETHTOWN

Premiere: 14. October 2005
Director: Cameron Crowe
Cast: Orlando Bloom, Kirsten Dunst,
Susan Sarandon, Alec Baldwin

10. November 2005

Wie sagt man Orlando Bloom ohne «O»?

Da schreibt man sich Tag für Tag um Kopf und Kragen, um ja
kein Missverständnis aufkommen zu lassen, dass jedes Erzeug-
nis, das auch nur am Ansatz an diese zuckersüssen Ergüsse von
Rosamunde Pilcher oder Barbara Cartland erinnert, mit absolu-
ter Verachtung zu bestrafen sei, und dann findet sich man sich
diese Woche gleich zwei Mal vor einem solchen diabetanischen
Geschichtchen:

Zu Beginn der Woche lief «Dogville» im TV, Lars von Trier's erster Teil seiner «Amerika»-Trilogie und Vorgänger vom aktuellen
«Manderlay» und im Kino Cameron Crowe's «Elizabethtown»
(oder wie ich immer wieder gerne an der Kinokasse zu stam-
meln pflege: «Elithabeztown» oder «Elithabethtown» oder eben
«Elithabeththownth»). Zugegebenermassen hinkt der Vergleich
zwischen «Dogville» und einem Rosamunde Pilcher Roman und

ziemlich sicher ist es auch falsch, «Elizabestown» über die gleiche Kante wie die britische Kitschschleuder zu brechen.

Ich dachte nur, «Town» und «Ville», da lässt sich doch bestimmt eine Verbindung erzwingen, und falls es je einen Film namens «Elizabeth's Dog» geben wird, werde ich der erste sein, der auch dazu wieder eine Verbindung konstruieren wird, und sei «Elizabeth's Dog» auch John Carpenter's nächster Thriller mit Tilda Swinton und Dwayne «The Rock» Johnson in ihren ersten Rollen als unglücklich verliebtes Stachelbeerstrauchpärchen. Ich bleibe dran.

«Elisathebtown» auf jeden Fall enttäuschte mich nicht, obwohl ich aus dem Getuschel einiger Mitbesucherinnen in den hinteren Rängen erfahren musste, dass dies ja ein «Frauenfilm mit Orlando» sei. Selbst solche Seitenhiebe können den Ozean an Machismo eines Host mit journalistisch-/aufklärerischen Verpflichtungen natürlich nicht erschüttern, schliesslich war ich einzig und allein wegen dem verlässlichen Cameron Crowe in dem Film, der mich schon mit «Jerry Maguire», «Almost Famous» und «Vanilla Sky» zu begeistern wusste.

Bis zu einem gewissen Punkt konnte ich den ebenso feinen wie treffenden Humor, die durch und durch herrlich anzuschauenden Interpreten und ja, ich muss es bestätigen, den tollen Soundtrack geniessen.

Doch etwa nach drei Vierteln des Films wird mit einer steppenden und kalauernden Susan Sarandon ein Wendepunkt eingeläutet: Ich hatte das Gefühl, da sollte ein emotionaler Höhepunkt gesetzt werden, wo er nun mal überhaupt nicht hingehört, und die anschliessende endlose Montage von Drew Baylor's (Bloom) Roadtrip durch den Südwesten der USA (keine Ahnung ob es wirklich der Südwesten ist, wahrscheinlich ist es eher der Süd-osten oder zumindest der Süd-Südwesten, aber «Südwesten» schreibt sich schneller auf der Tastatur, was zwar so auch nicht stimmt), untermalt mit 50 Jahren Rock'n'Roll Geschichte half auch nicht gerade, den Spannungsbogen der Geschichte wieder-herzustellen. Da hat Cameron Crowe in Sachen musikalischer Untermalung wieder mal alles gegeben, aber irgendwie hatte mich der Film zuvor schon verloren.

Zum Ende hin legte sich die dramaturgische Verwirrung dann wieder, so dass es dann doch noch zu den Prädikaten «Feel Good Movie der Woche» und lustigster Film seit «Dogville» reicht.

HARRY POTTER AND THE GOBLET OF FIRE

Premiere: 16. November 2005
Director: Mike Newell
Cast: Daniel Radcliffe, Emma Watson,
Rupert Grint, Eric Sykes

9. November 2005

Walle! Walle manche Strecke, dass, zum Zwecke, Wasser fliesse und mit reichem, vollem Schwalle zu dem Bade sich ergiesse.

Ob es eine gute Idee ist, zu bemerken, dass ich mich mit jeder Harry Potter Episode mehr und mehr an «Star Wars» erinnert fühle? An den Effekten und der Musik alleine kann's nicht liegen. Schon eher daran, dass auch bei unserem Pottermenschen die Geschichte sich über mehrere Teile erstreckt und den Charakteren bei der Entwicklung zugesehen werden kann. Das gibt der Geschichte irgendwie etwas... «Episches» ist das Falsche Wort, aber ich lass es mal so stehen. Und um viel mehr als die

Entstehungsgeschichte von «Darth-Ich-bin-auch-ein-I.V.-Bezü-
ger-Vader» geht's bei den Sternenkriegen ja auch nicht.

Auf jeden Fall kann ich, schon zum vierten Mal, gestehen, dass ich
auch bei «Harry Potter and the Goblet of Fire» nicht enttäuscht
wurde. Zwar habe ich noch immer keines der Potter Bücher von
J.R.R. Rowling in den Händen gehalten (doch, gehalten eigentlich schon, aber noch nie in einem gelesen), bin aber ein treuer
Besucher der Franchise geblieben. Irgendwie scheine ich einen
Narren an den ebenso vorhersehbaren und strickmusterartigen
und doch immer wieder interessanten Geschichten gefressen zu
haben.

Ich gebe es ja nur ungern zu, aber wieder einmal trifft der Ton,
mit dem der Streifen bis jetzt von den Medien kommentiert
wurde, voll ins kleine Schwarze (~~Zeichnungen dieser Stilblüten
bitte an host@nidwirkli.ch~~): Aus dem, vierten Teil ist mehr ein
Thriller als ein Kinderfilm geworden. Nicht grade «The Silence of
the Lambs», aber trotzdem spannend und zwischendurch gibts
sogar was zu lachen.

Das schöne an dieser ganzen Sache ist, dass ich auch in Zukunft
den Buchversionen von J.F.K. Rowling's Zauberlehrling fernblei-
ben werde und darum wohl auch in den kommenden Abenteuern
des Brillenträgers überrascht werden werden können tu.

Was gibt's noch überflüssiges zu berichten? Die Geschichte fes-
selte mich, die Effekte von I.L.M. Rowling waren wie immer
zweifellos vom Feinsten, was man halt so sieht, (Effekte halt, als

ob die heute noch irgendjemanden interessieren) und die düstere Atmosphäre stimmte vollkommen.

Das beste in der aktuellsten Verfilmung eines Romans von C.S. Rowling ist allerdings die Besetzung. Nebst Daniel Radcliffe, Emma Watson und Rupert Grint, die ihre Arbeit erneut ebenso souverän wie sympathisch tun und an die man sich zurecht schon ziemlich gewöhnte, glänzen vor allem die vielen ebenso bekannten wie zurückhaltenden Nebendarsteller. Neben Alan Rickman, Michael Gambon und Gary Oldman, der sich noch einmal für einen Auftritt als Sirius Black erwärmen konnte (sagen wir es mal so: Die Rolle hätte er diesmal wohl auch übers Telefon spielen können) glänzen Brendan Gleeson (dessen Auge zwar irgendwie nervt) und allen voran Liam Neeson als die Stimme von J.K. Aslan... - shit, ich kriege es einfach nicht auf die Reihe, es ist aber auch nicht einfach, diese Weihnacht - ich meine Ralph Fiennes als Voldemort. Übrigens erfährt man, wieso der «Englische Patient» erneut sprichwörtlich keine Nase für gute Rollen hat. Avada Kedavra sag ich da nur.

KISS KISS, BANG BANG

NOT RATED

Premiere: 14. September 2005
Director: Shane Black
Cast: Robert Downey Jr., Val Kilmer,
Michelle Monaghan, Corbin Bernsen

4. November 2005

This isn't good cop, bad cop. This is fag and New Yorker.

Hurra! Da hatten ja all die anderen Kritiken, die zu etwas ange-
messenerer Zeit als der Pflock, der sich Host nennt, ihre Lobhudeleien zu «Kiss Kiss Bang Bang» verbreiteten, tatsächlich den
Nagel auf den Kopf getroffen: Zwar kann man über die Komödie
von Shane Black (wie kommt man eigentlich an so einen coolen
Namen?) nicht allzu viel schreiben, denn einerseits ist die Handlung einfach zu verflochten, andererseits würde man sonst zu viel
über den Plot verraten. Und das ist auch gut so, denn so spare ich
mir sehr viel Zeit für anderes unwichtiges. Und wie sagt schon
das alte Sprichwort: «Der Host ist einfach ein fauler Sack.»

Gesagt sei nur soviel: Obwohl ich nie ein besonders grosser
Fan von Val Kilmer war, und Robert Downey Jr. je cleaner er
ist, immer mehr wie ein Nachkomme von Silvester Stallone und
Colin Farell aussieht, liefern sie einen der besten Buddy Movies
seit «Blix und Baradei» ab (Den Film gab's zwar nicht, häbte es

aber gegeben sollen, das Namenspaar war schliesslich vor einer Weile in aller Munde).

Das herrliche Team-up Robert Downey Jr. und Val Kilmer braucht sich auf jeden Fall nicht hinter ihrem Vorgänger in Spe, Danny Glover und Mel Gibson in den «Lethal Weapon» Streifen zu verstecken. An halbherziges «hey-mich-gibt's-auch-noch-Acting» ist auch gar nicht zu denken, denn die Sprüche und Flüche kommen so locker und unbarmherzig daher, dass gar keine Zeit für solche Kinkerlitzchen bleibt. Zum Glück, denn «Kiss Kiss Bang Bang» ist gespickt mit einigen der zweifellos gelungensten Gags dieses Kinojahres. Was man über «Die Weisse Massai» die im Kino nebenan lief, nicht behaupten kann, wenn ich die beanspruchten Gesichter des Pausenpublikums richtig deutete.

Vor allem gegen Ende des Films werden die Witze immer skurriler und damit aber auch besser. Da bekommt sogar «The Lord of the Rings» sein Fett weg.

Für alle, die eine (fast zu) durchdachte Story, derben Humor und dazu die comebackigsten Schauspieler seit langem geniessen wollen, sollten den Film auf jeden Fall nicht verpassen.

THE LEGEND OF ZORRO

NOT RATED

Premiere: 24. October 2005
Director: Martin Campbell
Cast: Antonio Banderas, Catherine Zeta-
Jones, Rufus Sewell, Alberto Reyes

28. October 2005

With enough soap you can blow up just about anything.

Mit jedem Jahr werde ich ein immer schärferer Gegner von
Fortsetzungen, Sequels, Prequels, Mequels und all den anderen
Franchise Formen, die vornehmlich Hollywood sich ausdenkt,
um das Publikum ins Kino zu locken. Zugegeben, wahrscheinlich
wären aus Filmen wie «Star Wars» nie solche Erfolge geworden,
wenn man schon nach den ersten drei Teilen aufgehört hätte,...
(hehe) trotzdem, ich denke, es gibt so viele originelle Storys, da
ist es fast Zeitverschwendung (vor allem meiner Zeit), die gleichen Stoffe mehrere Male zu verwenden. Man denke nur an all
die vielen Comic-Charaktere, die noch ihre Adaption auf der
Leinwand sehen möchten, oder an die zigtausend Bücher von
Stephen King.

Ohnehin grenzt die Verpflichtung, die ich jedes Mal verspüre,
beispielsweise den nächsten James Bond (ob blond ob braun)
zu sehen, schon an pawlow'sche Hundität. Es gibt ja schliesslich

auch Theorien, dass sich sämtliche Drehbücher und Storys auf sieben oder neun Grundgerüste zurückführen lassen, und ich selber bezweifle, dass es deren tatsächlich so viele sind. Nicht dass ich mich je gross über Story oder Anspruch foutiert hätte, so lange der Rest stimmt, bestes Beispiel für die Unnötigkeit von Fortsetzungen ist aber «The Legend of Zorro». Ich hätte schon sehr gut ohne den ersten Teil leben können, und auch in den zweiten Teil ging ich nur, weil ich so viel Gutes über Antonio Banderas in dieser Rolle gelesen hatte. Und dem Kanon dieser Kritiken kann ich sogar zustimmen - Banderas Leistung ist gar köstlich und auch seine Filmfamilie, verkörpert von Catherine-Zeta Jones-Douglas und Adrian Alonso als Zorro Junioro machen das beste aus ihren Rollen, um einige wirklich amüsante Gags und Situationen zu schaffen. Nur leider reicht das nicht ganz, um den Film als Ganzes ernst nehmen zu können. Nach der ersten, wirklich erstklassig choreographierten und umgesetzten Actionszene langweilen vor allem die Ausflüge in die good ol' time der Mantel- und Degenfilme doch zunehmend und man hofft irgendwie, Batman oder eben James Bond rette doch den Film mit einem Cameo vor der totalen Verödung.

Die (Kino-)Welt braucht «The Legend of Zorro» etwa so nötig wie die Automobilwerbung, die der Fuchs macht, für einen mehr oder minder amüsanten Abend reicht es dank einigen wirklich gelungenen Sprüchen aber allemal.

A HISTORY OF VIOLENCE

NOT RATED

Premiere: 30. September 2005
Director: David Cronenberg
Cast: Viggo Mortensen, Maria Bello, Ed
Harris, William Hurt

16. October 2005

Körperwelten mal anders

Das gab's ja schon lange nicht mehr: Ein David Cronenberg Film,
dessen Handlung ich tatsächlich folgen konnte, ohne dass sich
ein Aneurysma in meinen Hirnwindungen bildete. So interessant «Spider», «eXistenZ» oder «Naked Lunch» auch anzusehen
waren, leichte Kost hat uns der kanadische Spezialist für den bio-
technischen Horror selten präsentiert und meist verlieren seine
Filme relativ schnell den anfänglichen Reiz, und nerven mehr als
sie unterhalten. Bei «A History of Violence» hat er sich offensichtlich Mühe gegeben, uns sein Lieblingsthema der Identitäts-
suche und -Krise mal in einem anderen Kleid als Schleim, Blut
und Kabel zu präsentieren; Und dies gelingt ihm auf der ganzen
Linie. So kommt der Film zu Beginn wie ein Familienfilm daher,
der eher an «Die Waltons» als an «The Fly» erinnert. Das Utopia
der Familie Stall um Viggo Mortensen und Maria Bello wird aber
schon nach kurzem konsequent und unwiderruflich demontiert

und führt die Hauptcharaktere in einen fast kafkaesken Strudel aus Gewalt und Tot.

Cronenberg meistert das Spiel mit den Gegensätzen souverän, indem er das harmonische Familienleben auf die gnadenlose Brutalität des organisierten Verbrechens prallen lässt. Wie mit Hammerschlägen werden die ruhigen Szenen und Bilder, die Cronenberg so sorgfältig aufbaut, immer wieder zerstört, indem er die Situationen eskalieren, um nicht zu sagen explodieren lässt.

Möglich gemacht wird dies durch die durchwegs erstklassige Leistung der Darsteller. Viggo Mortensen schafft durch sein zurückhaltendes Spiel die entspannte, fast lethargische Atmosphäre, die dann vor allem Ed Harris als Mobster gnadenlos demontieren darf. Das toppt nur noch der gegen den Strich besetzte William Hurt durch seine überraschende Performance als Mortensens Bruder.

«A History of Violence»: empfehlenswert nicht nur für harmoniemüde Rosamunde Pilcher - Geschädigte.

WALLACE & GROMIT IN THE CURSE OF THE WERE-RABBIT

NOT RATED

Premiere: 15. September 2005
Director: Steve Box, Nick Park
Cast: Peter Sallis, Helena Bonham Carter,
Ralph Fiennes, Peter Kay

14. October 2005

Abt.: Knete und Arbeite

Da denkt man, das Kinojahr 2005 habe ausser dem kommenden
«King Kong» nicht mehr viel in Petto (übrigens: wie heisst der
kolumbianische Onkel von Pinocchio? - Che Petto), und dann
findet man sich ziemlich unerwartet in einem der filmisch per-
fektesten Streifen wieder, bei dem einfach alles stimmt: Action,
Spannung, Humor und eine fast manische Detailversessenheit,
Musik, Dramaturgie, Hauptdarsteller. Und letztere sind im Falle
von «Wallace and Gromit and the Curse of the Were-Rabbit»
nicht mal aus Fleisch und Blut. Dies mag im heutigen Hollywood,
wo einem mehr Botox als wirklich gute Filme unter die Augen
kommt, nichts besonderes sein, im Falle von Wallace, Gromit,
dem süüüüüüsssen Hutch und all den anderen Plastilinfiguren ist
den Knetern von Aardman Animations jedoch etwas ganz spezielles gelungen. Die Filmchen um den käsesüchtigen Erfinder,

seinen treuen Hund, Pinguinen, Zoobewohnern und anderen faunischen Kreaturen waren ja von Anfang an immer eine Klasse für sich und obwohl mich «Chicken Run» nicht sonderlich begeistern konnte, beweisen nun das britische Produktionsstudio, dass auch ohne Schauspieler ein durchwegs stimmiger Film entstehen kann, ohne auf irgend etwas verzichten zu müssen, nur weil eben mit den etwas anderen Mitteln der Animation gearbeitet wurde.

Über die Tatsache, dass «Wallace and Gromit and the Curse of the Were-Rabbit» ein Animationsfilm ist, möchte ich jedoch keine weiteren Worte verlieren, (denn meist findet man ja so schlecht die richtigen Worte). Denn dies ist die wirkliche Leistung des Teams von Nick Park: Man vergisst von der ersten bis zur letzten Minute völlig, dass sich dieser Film sich in seiner Machart doch gänzlich vom Rest unterscheidet. Und das ist gut so. Haben es computeranimierte Filme spätestens seit «Shrek» geschafft, dass man nicht mehr über die angewandte Technik staunt, sondern über die erzählte Geschichte lachen kann, wird nun mit «Wallace and Gromit and the Curse of the Were-Rabbit» einmal mehr bewiesen, dass ein gelungener Film eben ein gelungener Film eben ein gelungener Film ist, egal ob da nun Al Pacino, Scarlett Johansson oder eben ein Stück Knetmasse die Hauptdarsteller sind. Vor allem, wenn sie so treu dreinblickende Kulleraugen haben (und damit meine ich nicht Scarlett Johansson). Da fällt mir ein: Wer sollte Wallace und Gromit in einer Realverfilmung (Gott bewahre!) verkörpern, bzw. verkötern? Tom Hanks oder Bill Murray als Wallace und Benicio Del Toro als Gromit? Ich denke nicht, obwohl das Besetzungsroulette sicher ein paar Internet-Foren wert wäre. Könnte man eigentlich mal starten, die Gerüchte um die Bösewichte in «Spider-Man 3» füllen ja auch schon ganze Server.

Zu betonen bleibt, dass der Film mit Sicherheit einige der besten Gags des Jahres liefert. Die Dichte in Wort- und Bildwitz sucht zweifellos ihresgleichen und dank wilden Verfolgungsjagden, üppigen Sets, grenzenlosem Einfallsreichtum und dem netten Soundtrack von Team Zimmer wird der Film zum cineastischen Vergnügen.

THE BROTHERS GRIMM

NOT RATED

Premiere: 26. August 2005
Director: Terry Gilliam
Cast: Matt Damon, Heath Ledger, Monica
Bellucci, Petr Ratimec

7. October 2005

Es war einmal...

...Vor nicht allzu langer Zeit ein Regisseur, der war so imaginär, so eigensinnig, so innovativ, dass niemand seine Trickfilme bei Monty Python lustig fand. Ziemlich schräg und immer den Anschein erweckend, als stecke mehr dahinter, man auf den ersten Blick mitbekommen konnte. Seien dies nun der menschenfressende Kinderwagen oder der wohl bekannteste Clip, der riesige Fuss, der unmöglichen Beiträgen bis heute ein vorzeitiges Ende beschert, die Animationen von Terry Gilliam wurden irgendwie Kult, obwohl ich wohl nicht der einzige bin, der zugeben muss, dass ich seine Beiträge nie verstanden, geschweige denn, komisch fand.

Soviel zur Gotteslästerung; aber was soll's, ich bin noch immer etwas knurrig, dass nidwirkli.ch weder in der Forbes Liste der

100 Reichsten auftauchte, noch den diesjährigen Friedensnobel-preis gekriegt hat. Baradei, Schnaradei, sag ich da nur.

Züruck zum Thema: Mal von seinen Animationen, die wohl nur den wirklichen Insidern Vergnügen bereiten, abgesehen, weiss ich das Schaffen des einzigen Amerikaners in der sonst 100% britischen Monty Python Komikertruppe um John, Paul, George, Ringo und eben Terry wirklich zu schätzen. Vor allem seine stets ebenso schrägen wie melancholischen Märchen wie «Brazil», «Time Bandits», «The Fisher King» oder mein persön-licher Favorit «Twölf Monkeys» wussten mich stets zu begeis-tern und in ihren Bann zu ziehen. Mit jedem Film schuf Gilliam eine stilistisch wie inhaltlich sehr eigenwillige Welt, die einem zu verzaubern wusste. Nie zweifelte ich auch nur einen Moment daran, dass diese so typischen Bilder und Geschichten den Meis-ter Gilliam nachts in seinen Träumen verfolgten und dass er wie gegen Windmühlen gegen die Studiobosse ankämpfen musste, um seine Version der Filme auch auf die Leinwand bringen zu können. Obwohl sonst nicht sonderlich an solchen Stories hinter der Leinwand interessiert, hatte ich immer das Gefühl, gerade diesen Kampf von Gilliam gegen den Rest der Welt merkte man den Filmen schlussendlich irgendwie an, was sich an ihrer Besonderheit und ihrem eigenwilligen Charakter widerspiegelte. Sogar den bösesten Flops wie «Munchhausen» oder dem nie fer-tig gestellten «Don Quixote» (wie immer man das auch schreibt), merkt man diesen Gilliam's Bemühungen an, und auch wenn die Filme als ganzes nicht funktionieren, oder gar nie in die Kinos kamen, riecht man doch den Schweiss und die Anstrengung, die er in diese Werke gelegt hat, um es eben nach seinem Kopf zu haben. Dieser Schweiss war meist das Salz in der Suppe, welches

die sonst doch eher untypischen Filme zum ebenso emotionalen
wie visuellen Erlebnis machten.

Doch was ist nun passiert? Zuviel Geld? Drogen? Das Alter?
«Brothers Grimm» hinterlässt bei mir einen ähnlich faden Nachgeschmack wie die letzten Produktionen des Enfant Terrible auf
der anderen Seite von Hollywood: Tim Burton. Mal davon abgesehen, dass «Brothers Grimm» weder dramaturgisch noch sonst
wie funktioniert, fehlt das typisch Gilliameske, was auch immer
das sein mag, vollkommen. Der bittersüssen Nachgeschmack,
den ich in «Twelve Monkeys» in der Schlussszene spürte? Das
Mitgefühl, gepaart mit Verwunderung, welches trotz verstörend
behaartem Robin Williams in «The Fisher King» in mir aufkam?
Fehlanzeige.

Ich wünschte, ich könnte sagen, «Brothers Grimm» wäre ein
besserer Film geworden, wenn er vor zehn Jahren mit einem
Zehntel des Budgets entstanden wäre, aber wem nützen solche Spekulationen schon? Wohl kaum Heath Ledger oder Matt
Damon, die sich durch die liebevoll gestalteten, aber letztendlich unbedeutenden Settings quälen. Nur der ewig verlässliche
Peter Stormare hatte anscheinend wieder seinen Spass, aber was
soll man sagen, verlangt von dem Mann einen Akzent, und er ist
glücklich.

Grad seh' ich, dass der Matt Damon ja in diesen Tagen Geburts-
tag hat. Als persönliches Geschenk beende ich darum hiermit
diese ach so dunkle Kritik und schliesse mit den wohl klassischs-
ten und abgegriffensten Schlusssatz überhaupt: ... and they lived
happily ever after...

SNOW WHITE

Premiere: 19. April 2007
Director: Samir
Cast: Julie Fournier, Carlos Leal, Zoé
Mikuleczky, Stefan Gubser

3. October 2005

Spieglein, Spieglein in der Hand, wer ist das zugedröhnteste Chick im Land?

Nun haben es ja einheimische Filme nicht gerade einfach auf nidwirkli.ch. Als Vertreter des anspruchslosen Unterhaltungskinos bin ich nicht selten das Opfer einer Art Phobie, wenn es um europäisches Kino im allgemeinen und Schweizer Filmen im besonderen geht. Zu oft für meinen Geschmack wird dort das triste, wahre Leben gezeigt oder noch schlimmer, Schicksale werden portraitiert und die sogenannten Meisterwerke werden von der Presse nur allzu schnell zu wertvollen Oeuvres stilisiert, obwohl die Filme meist einfach nur anstrengend oder intellektuell-elitär sind.

Zumindest einem meiner sorgfältig gepflegten, obwohl schon längst überholten Vorurteile gegenüber dem Schweizer Film wird «Snow White» mehr als gerecht: Die erzählte Geschichte ist anstrengend; jedoch nicht, weil sie so anspruchsvoll, sondern einfach extrem negativ, ja fast deprimierend ist. Selten hat mich ein Film so ungebremst heruntergezogen wie «Snow White». Doch welch Überraschung: Das wäre auch schon ziemlich das einzige, was ich als ewig Entertainment-Geschädigter an dem Streifen auszusetzen hätte, denn filmisch sowie dramaturgisch ist der Film absolut gelungen. Gerade weil alle erdenklichen Klischees aus Goldküste und Banlieue bedient und zementiert werden, weiss man gleich, wo man steht und was man zu erwarten hat. Die Geschichte kann sich so auf die beiden Hauptcharaktere konzentrieren und gewinnt gleichsam an Spannung und Emotion. An dieser Stelle kann ich es mir nicht verkneifen, Carlos Leal als absolutes Highlight des Films zu deklarieren. Obwohl auch beim Rest der Besetzung ein überaus glückliche Händchen bewiesen wurde, scheint mir eine besondere Erwähnung des Spiels des «Sens Unik» Frontmanns als gerechtfertigt.

Am meisten war ich vom oftmals ebenso gewagten wie verspielten Einsatz visueller Hilfsmittel erstaunt: Ich hätte eher einen stiefmütterlich-zurückhaltende Inszenierung erwartet, das Spektrum an gestalterischen Elementen lässt aber keine Wünsche offen, ohne je zu überladen zu wirken.

Wahrscheinlich ist es an der Zeit, mich endgültig von meinen Vorurteilen zu verabschieden und die letzten paar Jahre der Schweizer Filmgeschichte, von «Der Komiker» bis «Sternenberg» nachzuholen. Ab sofort werde ich den kleinen, unbekannteren und weniger kommerziellen Filmen mit mehr Respekt gegenübertreten, egal ob, diese Produktionen nun «Grounding» oder «King Kong» heissen.

NOCHNOJ DOZOR - NIGHT WATCH

NOT RATED

Premiere: 8. July 2004
Director: Timur Bekmambetov
Cast: Konstantin Khabenskiy, Vladimir Menshov, Mariya Poroshina, Valeriy Zolotukhin

3. October 2005

Abt.: Russisch für Anfänger

Zu Beginn war ich noch positiv überrascht vom doch eher eigenwilligen Charakter von «Nochnoj Dozor»: Von diesen dunklen, ebenso farblosen wie verschwommene Bildern und einigen ziemlich untypischen Hauptcharakteren. Dies blieb aber leider neben einer recht simplen, aber dennoch irgendwie verwirrenden Story und einigen zugegebenermassen sehr originellen visuellen Einfällen so ziemlich alles, was «Night Watch» zu bieten hatte.

Gerade durch seine eher wirre Umsetzung in Bild und Montage konnte mich der Film anfangs noch in seinen Bann ziehen. Leider wurde auch das mit der Zeit etwas eintönig. Umso mehr, da die Story, die irgendwo zwischen «The Matrix», «Highlander» und «Star Wars» angesiedelt ist, gegen Ende eher Kopfschütteln und Verwunderung als Überraschung und Thrill auslöst.

Als ich gegen Ende des Filmes wieder erwachte, musste ich mit Entsetzen feststellen, dass dies tatsächlich erst der Anfang einer Trilogie gewesen sein sollte. Da hätte man sich wohl doch lieber mehr auf diesen einen Teil konzentriert, denn ich befürchte, viel mehr neues wird da wohl nicht mehr kommen.

Bei aller Mittelmässigkeit hat «Nochnoj Dozor» eine solche Wischiwaschi Review nicht verdient. Drum lass ich es mal gut sein und schliesse mit einem fröhlichen «nastrovje».

STEALTH

NOT RATED

Premiere: 27. July 2005
Director: Rob Cohen
Cast: Josh Lucas, Jessica Biel, Jamie
Foxx, Sam Shepard

18. September 2005

Ein Mann und sein Flugzeug kämpfen gegen das Unrecht.

Ist es für eine Produktionsgesellschaft vertretbar, das die einzigen paar Szenen in diesem Actionkracher, die nicht in der Bluebox sondern tatsächlich an der fischen Luft entstanden sind und darum wohl Unsummen gekosten haben, einzig und allein dazu dienen, die Hauptdarstellerin Jessica Biel im Bikini zu zeigen? Der nidwirkli Qualitätssicherungsauschuss sagt dazu einstimmig: Jawohl! Hundertprozentig! Weiter so!

Eigentlich war der einzige Grund, warum ich mir «Stealth» überhaupt angetan habe, der, dass ich wieder mal einen richtig schönen Verriss schreiben wollte. Da dieser krude und ziemlich sinnfreie Mix aus «Firefox» (der von Clint Eastwood, nicht von Mozilla), «2001 - A Space Odyssey» und allerlei anderen Versatzstücken aus Kriegs- Action und Abenteuerfilmen jedoch in einem gewissen Masse sehr wohl zu unterhalten weiss, spare ich mir die Energie und schreibe nur soviel: «Stealth» kann man sich getrost sparen. So sehr ich es Josh Lucas auch gönnen würde, in die Fussstapfen von Tom Cruise zu treten, wie es in den Medien so gerne berichtet wird, ich glaube nicht wirklich, dass ihm das mit «Stealth» gelingen wird. Und Jamie Foxx kann froh sein, dass er seinen Academy Award schon hat, denn so wirklich glänzen kann auch er in «Stealth» nicht.

Der Grund, warum der Film allen Schwächen zum trotz wohl doch unterhalten kann, ist wohl das Tempo des Filmes und die irgendwie sehenswerten Effekte, die zwar nicht ausserordentlich gut sind, aber wenigstens passen.

Obwohl die Truppe um Josh Lucas politisch korrekt Warlords und Terroristen und nicht kalte Krieger jagt, erinnert der Film doch irgendwie an die x-beliebigen Actionstreifen mit Michael Dudikoff oder Biehn aus den 8oern. Mein Verdikt darum: Im Kino meiden, und warten, bis der Film dort läuft, wo er hinge-hört: In's Freitagnacht Spätprogramm eines deutschen Privat-senders... Sprechende Flugzeuge, also wirklich.

CINDERELLA MAN

Premiere: 3. June 2005
Director: Ron Howard
Cast: Russell Crowe, Renée Zellweger,
Craig Bierko, Paul Giamatti

10. September 2005

See you later Gladiator

Warum eigentlich wirken auf mich gute Sportfilme meist viel emotionaler als die nächstbeste Liebeskomödie mit Meg Ryan oder Richard Gere? An meinem Y Chromosom, von dem man sagt, dass es alle Männer zu sonntäglichen, biersaufenden Couch-Potatoes macht, alleine kanns nicht liegen, denn mal von Sportfilmen abgesehen, interessiere ich mich prinzipiell nicht für Sport, zumindest nicht, wenn andere ihn ausüben. Es braucht normalerweise schon einen Torwart, der es gleich zweimal hintereinander auf die Blick-Titelseite schafft, bis auch ich mich ganz langsam für die Niederungen des Sportjournalismus zu interessieren beginne.

Aber sein wir ehrlich, die meisten Sportfilme weisen ja im Grunde dasselbe dramaturgische Muster auf: Einführung, Aufstieg, Fall, Endkampf, und der Triumph oder die heroische Niederlage zum Schluss. Dazu ein feiner Soundtrack und man kann eigentlich nichts falsch machen. Ob Baseball, Football, Eishockey oder eben Boxen. Perlen wie «Rocky», «Jerry Maguire» oder «Any Given Sunday» drücken da meist pathetisch aber gehörig auf die Tränendrüse. Sogar mittelmässige Filme wie «Mighty Ducks» oder «Mystery Alaska» vermögen einen irgendwie zu berühren, zwar meist nicht durch den sportlichen Inhalt, sondern durch Themen wie Freundschaft, Ehre, Rache, Stehvermögen, Vertrauen, usw.

Etwas weniger bärtig als in «Mystery Alaska» versucht nun Russel Crowe erneut, unsere Herzen mit einer Geschichte über Liebe, Hoffnung, Niederlage und Sieg zu erwärmen. Herausgekommen ist dabei ein extrem behäbiger Boxfilm, der in Sachen Gemächlichkeit und Lethargie den Vergleich mit «Million Dollar Baby» nicht zu scheuen braucht. Ich weiss, ich weiss, es ist wahrscheinlich nicht ganz korrekt, den Film als Boxfilm zu bezeichnen, und nur gegen Ende des Filmes entspricht «Cinderella Man» meiner oben genannten Definition eines Sportfilms. Der Film schlägt eher erneut in die Bresche des gleichsam spannenden und rührenden Biopic, die Ron Howard und Russel Crowe mit «A Beautiful Mind» geschlagen haben. Nur leider erreicht «Cinderella Man» zu keiner Zeit die Qualität seines Vorgängers in spe. Vielleicht wirkt der Hintergrund der grossen Depression in Amerika doch etwas zu kühl, oder die Geschichte um den Untergang und Aufstieg von James Braddock gibt zu wenig her. Umso mehr darum, da seine Bedeutung als «Held der Arbeit», der den Menschen während einer schwierigen Zeit Hoffnung gegeben hat, leider nur marginal behandelt wird. Da wirkte der durch den Central Park joggende Rocky Balboa, der die Massen hinter sich versammelte, um einiges überzeugender.

Einige schön fotografierte Bilder und ein zugegeben gelungener Endkampf sind die Highlights des Films, doch bei über zwei Stunden Filmlänge ist das doch etwas zu wenig. Mein heimlicher Star des Films ist übrigens der böse Zwillingsbruder von Clive Owen, Craig Bierko, der die wohl sehenswerteste Nemesis gibt seit Daniel Day-Lewis als Bill The Butcher.

CRASH

Premiere: 6. May 2005
Director: Paul Haggis
Cast: Don Cheadle, Sandra Bullock,
Thandie Newton, Karina Arroyave

4. September 2005

Der Host mal ganz still und bedächtig...

Nach all den Zombies in «Land of the Dead» kamen mir der Facettenreiche «Crash» von Paul Haggis gerade recht. Sonst dem Kawumm- und Holzhammer- Action Kino nicht gerade abgeneigt, muss ich zugeben, «Crash» mich im Innersten berührte. Ohne moralinsauer zu werden oder es während zwei Stunden übermässig menscheln zu lassen, bietet der Film spannende, man könnte auch sagen angespannte Unterhaltung, interessante Story und grandiose Schauspieler, die gerade durch ihr relativ zurückhaltendes und schnörkelloses Spiel auf der ganzen Linie überzeugen. Schön, auch Sandra Bullock mal in einer ernsthaften Rolle zu sehen. Doch, doch, die Frau kann mehr als Busse zu Schrott fahren und Schönheitswettbewerbe gewinnen. Auch Brendan Fraser überraschte mich mit einer ungewohnt ernsten Performance. Don Cheadle, Matt Dillon und der Rest der sorgfältig ausgelesenen Truppe überraschten zwar weniger, boten aber ein nicht minder überzeugendes Spiel.

An dieser Stelle soll noch einmal betont werden, wie grandios es der Film schafft, seine Motive zu Vorurteil, Entscheidung, Hass, Neid, Moral und Menschlichkeit klar zu zeigen und darzustellen, ohne je mit dem Vorschlaghammer bestehende Klischees und Stereotypen in das pulsierende Setting von Los Angeles hämmern zu wollen.

Die Stadt der Engel scheint sich im Übrigen einfach unvergleichbar gut als Kulisse für Menschen und ihre Schicksale zu eignen. «Grand Canyon», «City of Angels», «Heat», «Collateral» und nun eben «Crash». Die heiss-feuchte, angespannte, nur einen Funken vor der Entzündung stehende Atmosphäre schafft einen Hintergrund, vor dem die richtigen Schauspieler, zusammen mit dem passenden Score (ebenfalls grandios in «Crash») eine an Intensität kaum zu überbietendes Ganzes schaffen. Die aus «Magnolia» oder «Short Cuts» bekannte, Patchwork-artige Erzählstruktur verstärkt dabei das Erlebnis zusätzlich und hält die Dynamik des Films intakt, ohne den Spannungsbogen der Handlung zu beeinträchtigen.

«Crash» – Endlich mal eine hundertprozentig positive Überraschung, welche die Vorschusslorbeeren in den Kritiken tatsächlich verdient und nicht verpasst werden sollte.

LAND OF THE DEAD

NOT RATED

Premiere: 24. June 2005
Director: George A. Romero
Cast: John Leguizamo, Asia Argento,
Simon Baker, Dennis Hopper

3. September 2005

Gute Zombies, schlechte Zombies

Hier noch eine unbedeutende Kritik zu einem noch unbedeu-
tenderem Film: «Land of the Dead». Eigentlich ist es ja mehr
eine Warnung als ein Review: «Land of the Dead» ist langweilig.
Horrorfilme sind ja an sich nicht gerade mein Spezialgebiet, und
bis auf einige Klassiker wie «Freddy Krueger» und «Hellraiser»
kenn ich das Genre nicht allzu gut. So weit ich allerdings weiss,
sollten Horrorfilme doch erstens mit Schockeffekten erschre-
cken und mit gelungenen Gags die Stimmung wieder aufheitern.
Was in «Dawn of the Dead», dem 2004 Remake eines anderen
George A. Romero Filmes, so beispielhaft funktionierte (Ich sag
nur Fahrstuhlmusik), fehlt in «Land of the Dead» leider gänzlich.
Ausser unzähligen Kopfschüssen und einzelnen netten Ideen, wie
man die Toten auf möglichst blutige Weise noch toter machen
kann, hat der Film nix, aber auch gar nix zu bieten. Höchstens
vielleicht einen ziemlich gelangweilten Dennis Hopper, der für
Geld wirklich alles zu filmen scheint. (Irgendwie auch gar nicht

257

so unsympathisch, da sieht man mal, dass Schauspielerei halt auch nur ein Job ist.) Nicht mal lustig ist der Film, und der offensichtliche sozialkritisch-marxistischen Subtext wirkt doch eher unbeholfen und belanglos.

Ich merk gerade, dass ich damals «Freddy vs. Jason» ebenfalls für fertigen Mist gehalten habe und frage mich, ob ich einfach zu wenig Fan des Genres bin und die «...of the Dead» Reihe von Romero nicht kenne. Für mich sind Horrorfilme die Streifen, die ich als Kind kaum zu schauen getraute, mich mitten in der Nacht in der stockdunklen Stube dann aber doch nicht davon losreissen konnte, als Synthesizer Musik den Auftritt des bösen Mannes ankündigte und irgendwelche Teenager durch Häuser gejagt wurden. In den Achtzigern kam das irgendwie einfach besser. Vielleicht bin ich inzwischen aber einfach nur zu abgebrüht oder ich verstehe das Konzept, wie man einen Zombie nochmals töten kann oder muss, einfach nicht. Hab mich grade in einem Forum informiert: Zombies muss man den Kopf abrupfen oder ähnliches, um sie unschädlich zu machen. Jetzt macht das ganze natürlich gleich viel mehr Sinn...

SIN CITY

NOT RATED

Premiere: 1. April 2005
Director: Frank Miller, Quentin Tarantino, Robert Rodriguez
Cast: Mickey Rourke, Clive Owen, Bruce Willis, Jessica Alba

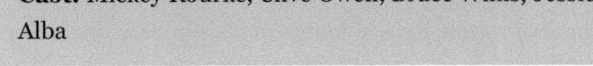

13. August 2005

...sometimes it means killing a whole lot of people.

Das wärs also gewesen. Der letzte Hoffnungsträger eines Hits für diesen Sommer: «Sin City». Und, wird die Comicverfilmung von Frank Miller und Robert Rodriguez seinen Vorschusslorbeeren gerecht? Kurz: Ja. Zwar vermag der Streifen in Sachen Unterhaltung und Rhythmus «The Island» nicht ganz das Wasser reichen, ein Schmuckstück sondergleichen ist «Sin City» trotzdem und das auf ganzer Linie. Eine konsequentere Comicverfilmung ist wohl kaum möglich als die meist in schwarz-weiss gehaltenen Bilder mit einzelnen Farbtupfern die tatsächlich enorm an den Comicstil erinnern. (Zumindest an das, was ich von Frank Miller's Vorlage kenne, was nicht allzu viel ist.)

Ein ganzes Rudel an Top-Schauspielern, allen voran Mickey Rourke, der, glaubt man den Interviews sehr viel seiner eigenen Person in den Charakter des Rüpels Marv gibt, und natürlich

Bruce Willis als Cop Hartigan. Und nicht zu vergessen, Jessica Alba, ein herrlich ungewohnter Elija Wood, ein kaum zu erkennender Benicio Del Toro, der unvergleichliche Clive Owen, Michael Madsen mal wieder in einer anderen als seiner gewohnten Rolle als Killer und viele andere, nicht zu vergessen Jessica Alba.

Dieses ziemlich deftige, ebenso spannende wie intensive Stück man kann fast sagen Experimentalkino sollte man nicht verpassen. Die ganze Geschichte lebt zwar nur von Klischees, bekannten Mustern und archetypischen Charakteren, ist aber so gekonnt, stylish und konsequent umgesetzt, dass es einfach eine Freude ist, diesen Comic, der als Film Noir auf Ecstasy zum Leben erweckten Comic in seiner ganzen Intensität zu erleben. Und nicht zu vergessen: Jessica Alba ist auch mit von der Partie!

CHARLIE AND THE CHOCOLATE FACTORY

NOT RATED

Premiere: 13. July 2005
Director: Tim Burton
Cast: Johnny Depp, Freddie Highmore,
David Kelly, Helena Bonham Carter

13. August 2005

**Für die einen ist es ein Oompa Loompa, für die anderen
der kürzeste Hobbit der Welt...**

Die Oompa Loompas, die kleinen, exotischen Arbeiter in Willy
Wonka's Schokoladenfabrik werden die Gemüter der Zuschauer
wohl spalten. Diese kleinen widerlichen Kreaturen hätten wie
zuvor nur Jar Jar Binks das Potenzial, das Publikum zu teilen
in Leute, die sie unwiderstehlich süss finden, und solche, die es
unwiderstehlich finden würden, diesen kleinen Säcken ihr däm-
liches Grinsen so lange aus der Fresse zu trampeln, bis ihnen
dieses nervige, ewige Gesinge vergeht. Ich selber werde in dieser Sache natürlich keine Stellung beziehen, schliesslich soll sich

der mündige Kinobesucher selbst ein Bild machen können, ohne schon vorbelastet in den Film zu gehen.

Vor Tim Burton's Version der Umsetzung von «Charlie and the Chocolate Factory» wurden nebst der ersten Verfilmung der Schokoladenfabrik (1971, mit Gene Wilder) schon einige weitere Bücher des bekannten britischen Kinderbuchautors Roald Dahl verfilmt: «James and the Giant Peach», der irgendwie schon wie ein Klon von Burton's «The Nightmare before Christmas» daherkam oder «Matilda». Übrigens hat er das Drehbuch zum James Bond Streifen «You only Live Twice» geschrieben. Weitere nicht ganz so exklusive Recherchen haben Informationen an den Tag gebracht, die mich nicht minder erstaunten: Denn ebenso wie für «You only Live Twice» hat Dahl auch das Screenplay zum Kinderfilm über ein wunderliches, fliegendes Auto, «Chitty Chitty Bang Bang» verfasst. Das bemerkenswerte dabei ist, dass er dies wiederum zusammen mit Ian Fleming getan hat. Ja, mit DEM Ian Fleming, der auch die Bond-Romane verfasst hat. Und um das ganze noch zu toppen, wurde «Chitty Chitty Bang Bang» von Albert R. Broccoli produziert, dem Produzenten, der die meisten James Bond Abenteuer produziert hat. Macht irgendwie auch Sinn, denn wenn man's recht bedenkt, könnte «Chitty Chitty

Bang Bang» auch der Name eines Bond Girls sein. Womit wir wieder alles in kleine Schächtelchen verpackt hätten...

So, mal auf meinem Ticket nachschauen, für welchen Film ich denn überhaupt eine Kritik schreiben wollte,... ach ja, «Charlie and the Chocolate Factory».

Nach dem trotz Ewan McGregor irgendwie enttäuschenden «Big Fish» scheint Tim Burton zu Beginn des Films die Kurve voll und ganz erwischt zu haben. Leider kann er die Qualität wie so oft nicht bis zum Schluss halten. Das Märchen beginnt, wie gewohnt, märchenhaft und mit düsterem Unterton und führt die Charaktere sorgfältig und liebevoll ein, eingebettet in eine sehr schönes Production Design, untermalt mit Burton's Haus-Musik von Danny Elfman. Der Zuschauer merkt ziemlich schnell, dass es sich bei der Story über eine typische moralische Geschichte handelt, ähnlich wie die Bücher von Dr. Suess, Alois Carigiet oder Wilhelm Bush. Tim Burton setzt das ganze glücklicherweise mit seiner unvergleichlichen Handschrift um und der herrliche Johnny Depp sorgt zusammen mit den restlichen, sehr überzeugenden Darstellern dafür, dass die Pferde dabei nicht ganz mit Burton durchgehen. Leider übertreibt es Burton meines Erachtens auch dieses Mal trotzdem ein ganz klein wenig. Die Fabrik war mir etwas zu klebrig, die Farben etwas zu grell, die Songs zu süss... und irgendwie kam der Rest des Films nicht ganz mit. Nur um mich nicht falsch zu verstehen: Niemals möchte ich etwas gegen den einzigartigen Stil Burton's sagen, aber seine Treffer- quote beim Publikum (und damit meine ich primär mich, mich, mich) ist mit «Batman», «Mars Attacks» oder «Sleepy Hollow» leider einfach zu tief, da mich seine meisten Filme eben nicht auf

der ganzen Linie überzeugen können, und sei es nur um Haares-
breite. Aber das ist nun mal mein Problem.

Weiterempfehlen kann ich «Charlie and the Chocolate Factory»
auf jeden Fall jedem, und ich werde wohl nicht der Letzte sein,
der von diesem Streifen Film mit unzähligen Ideen und einigen
mehr als netten Einfällen positiv überrascht gewesen sein wird.
(Hurra, Premiere: Ich glaube soeben habe ich das erste Mal auf
meiner Website bewusst Futur 2 eingesetzt.)

THE ISLAND

NOT RATED

Premiere: 20. July 2005
Director: Michael Bay
Cast: Scarlett Johansson, Ewan McGregor, Djimon Hounsou, Steve Buscemi

3. August 2005

Jetzt mit noch mehr Ewan! Hurrraaa!

Niemand hat wohl das Hollywood-Kaboom-Action-Kino der 80 und 90 Jahre so wegweisend beeinflusst wie das explosive Produzentenduo Jerry Bruckheimer und Don Simpson. Knaller wie «Beverly Hills Cop», «The Rock», «Top Gun», «Days of Thunder», «Bad Boys» oder «Crimson Tide» entstanden unter den Fuchteln dieser zwei furiosen Actionvirtuosen. Über Anspruch moralischen Wert dieser Knaller lässt sich streiten (aber bitte nicht mit mir), der Einfluss der unverkennbaren Bildsprache und Dynamik ist jedoch bis heute in Kino, Werbung und Videospielen wieder zu finden. Kein Wunder, wählten die beiden doch des Öfteren erfahrene Werbefilmer als Regisseure ihres Vertrauens. So auch Michael Bay, der für einige der wohl besten und spektakulärsten Streifen des Bay/Bruckheimer Universums verantwortlich ist («The Rock», «Armageddon», «Bad Boys I + II», «Pearl Harbor»). Unter seiner Federführung wurde immer wieder ein funktionierendes Gleichgewicht aus Action, Pathos, Musik, F/X,

265

Score, schwindelerregenden Schnitten und Kamerafahrten und ebenso soliden wie süffigem schauspielerischem Tuns gefunden, was die meist doch eher seichten Themen und Geschichten erst zum üppigen Entertainment-Genuss machte und so vermögen diese Kracher bis heute zu fesseln und zu unterhalten.

Als Don Simpson 1996 nach «The Rock» endgültig Schnee von gestern geworden war, die Filme von Bruckheimer jedoch nichts an Dynamik, Virtuosität und vor allem Action einbüssten, war man schnell versucht, den Geschichten zu glauben, dass das «Work» im Teamwork von Bruckheimer und Simpson wohl doch eher Bruckheimer zuzuschreiben war als dem als hedonistisch geltenden Don Simpson. Die Bruckheimer Filme der «neuen» Generation schienen im Gegenteil noch an Drive und an Geschwindigkeit gewonnen zu haben. Dramaturgisch leistet sich der Meister zwar immer wieder den einen oder anderen Patzer und nicht selten enttäuschen die ganz gross angekündigten Knüller, man denke nur an «Gone in 60 Seconds», oder die unsäglichen «King Arthur» und «National Treasure» (dessen Fortsetzung auch immer mehr Gestalt annimmt, warum auch immer).

Nun lässt «The Island» das kreative Verhältnis von Bruckheimer und Bay in etwas neuem Licht erscheinen. Mit diesem Sci-Fi Thriller kann Michael Bay endlich beweisen, was er ohne seinen «Patenonkel» Bruckheimer hinkriegt. Das Resultat beeindruckt abgesehen von einigen wenigen Längen voll und ganz. «The Island» ist ein Actionkracher, den ich bis anhin als typischen Bruckheimer Film bezeichnet hätte; das ganze Programm samt Steve Buscemi, tollem Soundtrack, Effekten, schönen Bilder,

Zeitlupen und dynamischen Kamerafahrten... nur eben ohne Bruckheimer.

Sollte ich bis anhin die Lorbeeren fälschlicherweise dem Produzenten anstelle des Regisseurs Bay zugeschrieben haben, oder hatte Bruckheimer einen solch immensen Einfluss auf Bay, dass die Unterschiede zu dessen Filmen in Stil und Tempo nur marginal erscheinen? Es wird sich zeigen, ob Bay auch unter Dreamworks und Spielberg als Executive Producer so konstant Unterhaltung in bester Qualität abliefern kann («Transformers»). Ich hoffe es, denn «The Island» stellt sich der bis jetzt beste Popcornmovie dieses Kinosommers vor und lässt Hoffnungsträger wie «War of the Worlds» und «Fantastic Four» hinter sich.

Bay's «Erstling» kommt auf der ganzen Linie gelungen daher. Handwerklich wie immer top, setzt der Meister mit dem feinen Gespür fürs Grobe wie so oft auf alte Bekannte wie Steve Buscemi (Peter Stormare konnte wohl grade nicht), Shawnee Smith oder Michael Clark Duncan sowie den unvergleichlichen Ewan McGregor, den man gar nicht genug lobhudeln kann und die ebenso wunderbare Scarlett Johansson, von der sich noch viele Kolleginnen eine Scheibe abschneiden könnten. Ewan McGregor singt zwar leider nicht, dafür kommt er gleich doppelt vor, und einer ist besser als der andere; der Mann scheint einfach Spass an seinem Job zu haben,... einfach herrlich. Ein routinierter Sean Bean, der überzeugende Djimon Hounsou und ein mehr als gelungener Score (bei dem wiederum der Einfluss von Hans Zimmer unüberhörbar ist) und zudem das frechste und zudem cleverste Product Placement seit langem vervollständigen das

Ganze und machen «The Island» zu DEM Kinospass des Sommers.

Zwar habe ich irgendwie das Gefühl, dass man «The Island» zu unrecht so schnell wieder vergessen haben wird wie die kritischen Ansätze zur Stammzellenforschung, die am Rande von «The Island» gemacht werden, der Streifen ist und bleibt jedoch ein Leckerbissen für alle Fans des Popcorn Kinos und sei allen Anhänger der ganzen Dogmafilmerei ans Herz gelegt, denn hier erlebt man einmal mehr, wie ein Film auszusehen hat, und dass man fürs gleiche Geld auch mehr kriegen kann als eine vermieste Stimmung und verwackelte Bilder.

FANTASTIC FOUR

NOT RATED

Premiere: 29. June 2005
Director: Tim Story
Cast: Ioan Gruffudd, Michael Chiklis,
Chris Evans, Jessica Alba

22. July 2005

Flame on! It's clobberin' time! I feel thin... sort of stretched, like butter scraped over too much bread. [...]

Nun ist ja das Betreiben einer Website nicht gerade Hirnchirurgie, der Host ist nicht unbedingt eine Instanz der objektiven Konsequenz und in einer von Kurzlebigkeit und Hektik geprägten Zeit, in der man sich zum 5. (und sicher nicht letzten Mal) die «Star Wars» Trilogie, diesmal auf DVD, besorgt oder sich das «White Album» nach Vinyl, Kassette, CD, Laserdisc, DVD nun doch noch als mp3 (Glückwunsch an dieser Stelle zum Zehnjährigen des Standards ans Fraunhofer Institut) herunterlädt, ja in dieser verrückten Welt kann es schon mal passieren, dass beim Vergleich zweier Sommerblockbuster, die unterschiedlicher nicht sein könnten* – der eine ein Spielbergismus, der andere eine Comicverfilmung – ein Unentschieden herauskommt. How come? (* Die beiden Filme könnten sehr wohl unterschiedlicher sein, aber «die unterschiedlicher sehr wohl sein könnten» würde noch seltsamer tönen. Hier übrigens noch die übrig gebliebenen

Interpunktionen aus vorangegangenem Text: ,...,,....,,..!. So zurück zum Wesentlichen und mal schau, was die Syntax so macht, wahrscheinlich nicht viel.)

Solche unverhältnismässigen Bewertungen stimmen ja im Grunde schon etwas nachdenklich und die Frage stellt sich, ob hier nicht Glaubwürdigkeit und Integrität aufs Spiel gesetzt werden. Glaubwürdigkeit und Integrität? Für solche Absonderlichkeiten haben wir auf nidwirkli.ch weder Zeit noch Geld.

In der Startaufstellung der Kassenschlager haben wir diesen Sommer auf der einen Seite ein ambitioniertes sorgfältig ausgearbeitetes Werk von Steven «Peach Schnapps» Spielberg, das knapp aber begründet den Titel Meisterwerk verfehlt und auf der anderen Seite ein mieses, kleines, wirklich ziemlich schlechtes Stück Zelluloid, das den Namen «Fantastic» nicht verdient, und was sagt die Bewertung auf der Kinokritikenseite deines Vertrauens dazu? Für beide Streifen gleichermassen mittlerer Durchschnitt im gefühlten Rating sowie Respekt bzw. Sympathie in den B-Noten.

Unterhaltung ist schon eine komische Sache. Obwohl ich jedem, den es interessiert (und auch allen anderen in Hörweite) bestätigen würde, dass «War of The Worlds» der um Welten bessere Film als «Fantastic Four» ist, vermag der Letztere trotz Mängeln in so ziemlich allen Bereichen auf weite Strecken zu unterhalten. Es ist eben so ein Ding mit Erwartungshaltungen: Ich hatte eine ziemliche Katastrophe erwartet, als ich den Kinosaal betrat. Man hatte doch so einiges schlechtes über «Fantastic Four» gehört. Und die Konsequenz, mit denen die einzigen zwei Trümpfe im

Film verspielt werden (Man steckt Julian McMahon in eine Maske und macht Jessica Alba unsichtbar... c'mon?!) liess einen doch eher ratlos. Aber ist es nicht so, dass gerade in der salzigen Erde der absoluten Erwartungslosigkeit nur allzu oft ein Pflänzchen, das da heisst «angenehme Überraschung» aus der vernarbten Knospe des Understatements spriesst? (Uff, das war aber haarscharf am Pulitzer vorbei.) Im Falle von «Fantastic Four» ist dies der Fall, und Gefühl schlägt Verstand. Und Hand aufs Herz: Wenn Jessica Alba sich auszieht, ist doch egal, wenn die Logik des Films dabei flöten geht... Tschüss, soeben haben Literaturpreis und Niveau gemeinsam das Gebäude verlassen und die Frage, ob man schon in jungen Jahren Altherrenfantasien haben kann, bleibt zurück. [Hier je nach Wunsch ratloses Schweigen oder empörtes Kopfschütteln einfügen.]

Vor allem die doch recht witzigen Dialoge schaffen es, von der cinematischen Belanglosigkeit des Films abzulenken. Man merkt zwar ziemlich schnell, dass man sich hier qualitativ in vollkommen anderen Sphären als z.B. im grandiosen «Batman Begins» wiederfindet, trotzdem macht der Streifen irgendwie Spass. Im Endeffekt hindern einem nur die Hauptcharaktere daran, gelangweilt den Kinosaal zu verlassen. Das sorglose Spiel des Quartetts vermag über die Länge des Films zu unterhalten. Belanglos zwar, aber nett. Allen voran Chris Evans (der mich die ganze Zeit irgendwie an Owen Wilson erinnerte) als Johnny Storm und Michael Chiklis (Ben Grimm), der trotz Gummigewand irgendwie sehr überzeugend daherkommt. Zwar hätte ruhig jemand Julian McMahon sagen, können, dass er den Film nicht so ernst nehmen soll, (falls er überhaupt gemerkt hat, dass dies keine Episode von «Nip/Tuck» ist), aber jemand muss nun mal den Bösewicht spielen. Wäre ich nicht gerade in guter Ferienstimmung, müsste ich mich an dieser Stelle übrigens über die Art und Weise auslassen, wie unsachgemäss mit der Figur des Victor von Doom umgegangen wird und wie wenig der Charakter der Verfilmung meiner Meinung nach mit dem Comic zu tun hat. Wenigstens wurde eine Variante der klassischen «I'm leaving the Fantastic Four» Handlungsstrangs angespielt, sonst hätte echt was gefehlt.

Aber lassen wir das mal und finden uns damit ab, dass in Zukunft Comicverfilmungen wohl in verschiedenen Klassen daher kommen werden. Einerseits als Event Movies erster Klasse, die sich, im Stile von «Batman Begins» oder «Spiderman», bemühen, nicht nur als Umsetzung eines Comics eine gute Figur zu machen, sondern auch ein filmisch ein solides Erlebnis zu garantieren und andererseits eben der ganze Rest, der mehr Komik- als Comic ist, mehr Cartoon mit lebendigen Schauspielern als ernstzunehmender Kinofilm, der den Namen auch verdienen würde. Wir werden sehen, zu welcher Kategorie «Sin City» gehört.

KINGDOM OF HEAVEN

NOT RATED

Premiere: 3. May 2005
Director: Ridley Scott
Cast: Orlando Bloom, Eva Green, Liam Neeson, Martin Hancock

7. July 2005

Heaven. I'm in heaven, And my heart beats so that I can hardly speak.

Und ich dachte schon, meine Website hätte internationalen Ruf erreicht: Da kommentiere ich einen Schauspieler mal nicht ganz so nett wie üblich, in diesem Fall Lorenzo Lamas in der «The Merchant of Venice» Kritik, und voilà, schon einige Wochen später reist der Betreffende in die Schweiz. Es hat sich dann herausgestellt, dass er und andere internationale Stars, oder besser gesagt, er und einige internationale Stars in die Schweiz zur Rose d'Or eingeflogen wurden. Dieses Missverständnis würde den Host natürlich niemals von seiner redaktionellen Pflicht abhalten, so gemeine und einseitige Kritiken wie möglich zu verfassen, wenn dies dann nötig ist. (Oder auch einfach aus purer Bosheit), doch der aktuelle Film, «Kingdom of Heaven» ist leider etwas allzu durchschnittlich, um mit dem ganz grossen Geschütz aufzufahren. Drum bleib ich mal brav und schreib mal so vor mich hin, was mir so einfällt:

Erstens: Nix neues im Westen, oder in diesem Fall im Nahen Osten: Man hat so ziemlich alles aus «Kingdom of Heaven» schon mal gesehen. Ich weiss, ich weiss, genau diesen Punkt habe ich in der «Sky Captain and the World of Tomorrow» Kritik als positiv bewertet, aber da war's mehr eine Art Hommage.

Nachdem «Gladiator» die Lanze für Sandalenfilme und ähnliches gebrochen hat, hat man eben nach der x-ten Version das ganze Trara, das als Entschuldigung für epische CGI-Schlachten herhalten muss, mal gesehen. Irgendwie interessiert mich das geschichtliche Gedudel einfach zu wenig, oder dann ist's einfach die Ausführung. Kann zwar fast nicht sein, denn handwerklich ist «Kingdom of Heaven» grundsolide, ja sogar besser, schliesslich steckt ja Ridley Scott und Branko (Lustig, nicht war?) dahinter. Irgendwas fehlt mir einfach, um mich vom Sockel zu stossen. Ups, freud'scher Versprecher. Ich meinte «aus den Socken zu hauen».

Zweitens: Nix neues im Westen oder in diesem Fall im Nahen Osten. (Man sieht: Auch schlechte Wortspiele gewinnen im Wiederholungsfall nicht unbedingt an Qualität.) Liam Neeson (Gesundheit!) als väterlicher oder eben fördernder Vater, David Thewlis in der Rolle der zweiten Garde (zu Unrecht, diese Stimme gehört gefördert), Jeremy Irons als prinzipienstarker Ritter (auch von seiner Stimme kann ich nicht genug hören), Brendan Gleeson als Hitzkopf: Das kommt einem eigentlich auch alles ziemlich bekannt vor. Doch diesen Punkt will ich mal nicht negativ gewichten, schliesslich helfen einem diese Charaktere grösstenteils über einige unübersehbare Längen im Film hinweg. Vielleicht komme ich ja bei der «Batman Begins» Kritik wieder auf Liam Neeson (warum benennt jemand seinen Sohn nach einem Auto? (Ich entschuldige mich für diesen billigen, aus «A Fish called Wanda» gestohlenen Kalauer. Danke.)) zurück.

Drittens: Nix neues im Westen oder in diesem Fall im Nahen Osten (Was hab ich gesagt?) Die Musik ist so was von nicht originell und/oder gestohlen, das gibt's gar nicht. Es scheint als hätte Ridley Scott den Auftrag gegeben, einen möglichst neutralen Score aus den Soundtracks seiner vergangenen Filmen zu mixen. Nach dem Motto: «Hör mal, Harry Gregson-Williams. Komponier mal schnell was ganz neues, das tönt wie Hans Zimmer, aussieht wie Hans Zimmer und schmeckt wie Hans Zimmer und misch etwas Klaus Badelt hinzu.» Der Rest des Soundtracks ist zusammengestohlen aus «Blade II» «The 13th Warrior», «The Crow», und «Hannibal». Traurig, traurig, ich meine, das sollte doch ein Blockbuster sein, grosses Event-Kino; und dann so was. Wenigstens wurden die Schlachtszenen neu gedreht und nicht aus «Troy» und «King Arthur» zusammengeschnippelt.

Viertens: (Naaaa, reingefallen, all ihr pawlow'schen Hunde da draussen?)

Die fingerspitzengefühlige (kein Quatsch: das vorangegangene Wort wurde von der word'schen Autokorrektur nicht beanstandet) Behandlung des «Clash of the Civilization» - Themas nach Samuel P. Huntington seitens Ridley Scott hat Beachtung verdient: Die Muslime kommen sehr gut weg, die Christen nicht ganz so gut. Und Orlando Bloom ist ein ganz ein Lieber. Fertig. Ist das nun brisant oder wie? Ach, Quatsch, ich werde mich doch (so kurz nach «The Merchant of Venice») nicht schon wieder auf dieses Thema einlassen.

Fünftens: Nun mal eine kurze Pause: Ich fand den Film gar nicht so schlecht, wie es jetzt wahrscheinlich den Anschein macht. Ich könnte «Kingdom of Heaven» den ganzen Tag, ja was schreib ich, das ganze Wochenende durch ein Bahnhofsklo hinunterspülen und der Film würde noch immer nicht so nach Scheisse stinken wie «Troy» und «King Arthur» zusammen. Eigentlich ist ja bei «Kingdom of Heaven» alles vorhanden: Sehr interessante Story, tolle Schauspieler, nette Effekte, solide Montage. Der Film vermochte mich aber trotzdem weder zu fesseln noch zu überzeugen. Aber für den Sonntagnachmittag reicht's allemal. Zudem kann ich alle, die diese Kritik in diesem Moment im Kino sitzend auf ihrem Laptop zu sich führen, beruhigen: Der Film wird gegen Ende immer besser. Das ganze gewinnt an Dynamik, Action und Drama. Und das ist doch schon mal was Feines.

Sechstens: Nun zur Abteilung: «Ach was ist der Host doch für ein cleveres Kerlchen.» Wir kommen zur cinematografischen Notiz: Ich verrate nicht zuviel, wenn ich hier beschreibe, wie der Protagonist Balian in seiner Schmiede am Anfang der Story sein frisch geschmiedetes Schwert in kühlem Wasser härtet. Der eine oder andere kritische Leser wird sich nun fragen, was denn daran cinematografisch betrachtet sein soll? Lasst mich das ganze interpretatorisch (nein, nicht predatorisch) umformulieren: «Balian kühlt zu Beginn des Filmes in einer Art Vorblende das heisse Eisen der religiösen Konflikte im kühlen Nass der

Völkerverständigung.» Gut was? So, jetzt bekomm ich entweder den Marcel Reich-Ranicki Gedenkpreis (Nach meiner «The Merchant of Venice» Kritik eher unwahrscheinlich) oder meine Hybris hat soeben meinen letzten Leser vertrieben. (Und wer nicht weiss, was Hybris ist, soll gefälligst im Lexikon nachschauen oder danach googeln.) Uups, nein; JETZT ist mein letzter Leser abgesprungen.

Und nur so der Vollständigkeit halber schliesse ich mit Punkt Sieben: Edward Norton hat wohl die undankbarste Rolle seiner Karriere. Ich kann mir das Studio oder seinen Manager oder wen auch immer geradezu vorstellen: «Doch, doch, Edward, wenn Du die ganze Zeit eine Maske trägst, kannst Du beweisen, was wirklich für ein Schauspieler in dir steckt, wenn Du auf die Mimik verzichten musst!» Er tut mir fast leid.

Was? Orlando Bloom? Ja, der hat auch mitgespielt, aber das muss ja nicht unbedingt etwas schlechtes sein.

WAR OF THE WORLDS

NOT RATED

Premiere: 28. June 2005
Director: Steven Spielberg
Cast: Tom Cruise, Dakota Fanning, Tim
Robbins, Miranda Otto

1. July 2005

**Tja fast, aber knapp daneben ist auch vorbei.
Schooooode!**

Da ist er also: DER Blockbuster des Jahres. «War of the Worlds».
Und ist all die Aufregung im Vorfeld gerechtfertigt? Darauf kann
die Antwort nur lauten: «Jein».

Positiv: Der Film fängt unglaublich intensiv an und kann diese
Spannung bis zur Pause problemlos halten. Indem Spielberg
nach einem furiosen Auftakt mehr verbirgt als er dem Zuschauer
zeigt, scheint es permanent, als spiele sich die eigentliche Handlung immer knapp unter der Oberfläche ab. Man weiss, da brut-
zelt was, gleich hinter Tom Cruise, oder im Nebenkino, oder
irgendwo, ganz in der Nähe, und wenn die Kamera doch nur ein
kleines bisschen mehr nach links schwenken würde, könnte man
auch sehen, was denn da so kracht. Meist ist man dadurch geradezu gequält, gleichzeitig weiss man aber auch, dass eben dies
den Reiz des Filmes ausmacht. Diese Art, meist mehr anzudeuten

als zu zeigen, kennt man zwar schon aus M. Night Shyamalan's «Signs» und obwohl die Technik bei «War of the Worlds» nicht so konsequent durchgezogen wurde, funktioniert's auch hier vorbildlich – zumindest am Anfang. Alles andere hätte wahrscheinlich nur ein lauwarmer Aufguss von «Independence Day» gegeben was wohl eher uninteressant gewesen wäre. (Obwohl ich gerne wissen würde, wie Spielberg den Film als klassisches Desastermovie inszeniert hätte.)

Das alles soll nicht heissen, dass es keine Aliens zu sehen gäbe! Im Gegenteil. Zum Auftakt des Filmes krachts mal eben so gewaltig, das einem dank phänomenalem Sound so richtig in die Knochen fährt, und dann gibt's von aber ganz miiiiiesen Aliendingens so was eins auf's Dach, aber hallo. Womit der Höhepunkt des Filmes auch schon hinter uns liegen würde. Zwar findet Spielberg in der ersten Hälfte ein spannendes, ausgeklügeltes Gleichgewicht zwischen sich abwechselnder Action, Paranoia, und den stillen Momenten, viel kommen tut aber nach dem ersten Akt nicht mehr, auch wenn's zwischendurch wieder ziemlich kracht. Sicher, die Geschichte um die Rumpf-Familie von Dakota Fanning und Tom Cruise in den Mittelpunkt zu stellen ist ja schön und gut, der Kniff bleibt aber leider Mittel zum Zweck, um es eben etwas Menscheln zu lassen und nicht einen typischen Katastrophenfilm zu haben. Tom Cruise stört dabei übrigens auch nicht gross, glänzt aber irgendwie auch nicht so, wie es seine grinsenden Zähne sonst tun, obwohl er sich auch in diesem Film wie meistens vom Saulus zum Paulus wandelt. Vielleicht mochte er sich auch nicht so Mühe geben, weil er lieber in einer Adaption von L. Ron Hubbard's «Battlefield Earth» mitgespielt hätte als einer Verfilmung vom H.G. Wells Klassiker – Aber das hat zum Glück John Travolta schon grandios in den Sand gesetzt.

So, wie gesagt, «War of the Worlds» ist zu Beginn das spannendste, was ich dieses Jahr gesehen habe (ausgenommen vielleicht dem Grand Prix von Indianapolis). Aber jetzt kommt das grosse Leider: LEIDER vermag es Spielberg nicht, dieses erst so gelungene Katz und Maus Spiel zwischen der Familie Cruise und den Aliens, beziehungsweise dem Film und den Zuschauern nicht auf wirklich geniessbarem Niveau zu halten. In der zweiten Hälfte verebbt die Spannung und man fragt sich langsam, wo die Story eigentlich hinführen soll, wenn Sie überhaupt irgendwo hinführen soll. Abgesehen davon weiss man wahrscheinlich schon aus dem Buch (welches ich übrigens aus wahrscheinlich ähnlichen Mängeln ungelesen zur Seite gelegt habe), wie der Film endet. Allzu viele Variationen gibt's ja wohl eh nicht.

Insgesamt betrachtet ist «War of the Worlds» schlussendlich leider ein Zwitter in Sachen Qualität, so als würde man «Schindler's List» das unendlich elende Ende von «A.I.» anhängen. Der Film bleibt ein sehr interessanter, eigentlich sehenswerter Streifen, der mehr sein will, als er ist, aber beim grandiosen Versuch auf halber Strecke liegen bleibt. Ein Grund dafür ist mitunter sicher auch die ziemlich simple Buchvorlage. (Sein wir ehrlich: Ohne Orson Welles' Aufsehen erregendes Hörspiel wäre das Buch wohl

schon lange in der Versenkung untergetaucht oder hätte wenigsten still das Ansehen eines Klassikers genossen.

Fazit:

1. «War of the Worlds» hätte der eindrücklichste Film des Jahres
werden können,... wenn nach der Pause nicht noch mehr kommen würde.

2. Wenn solche undankbaren Rollen wie in «War of the Worlds»
das einzige ist, für das Tim Robbins nebst seinen politischen
Aktivitäten noch Zeit findet, sollte er besser als irgendwas kandi-
dieren und den Schauspielerjob ganz an den Nagel hängen.

3. Wer den neuen «King Kong» Trailer in nächster Zeit auf der
grossen Leinwand sehen will, kommt ohnehin nicht an «War of
the Worlds» vorbei.

MR. & MRS. SMITH

NOT RATED

Premiere: 7. June 2005
Director: Doug Liman
Cast: Brad Pitt, Angelina Jolie, Adam
Brody, Vince Vaughn

27. June 2005

Mr. & Mrs. Mist

Man sagt ja, man sollte immer das Positive sehen: «Mr. & Mrs.
Smith» enttäuschte mich nicht. Aber auch nur, weil ich im Vorfeld so gut wie keine Erwartungen in den Film hatte. Leider
heisst das nicht, dass der Film darum schneller vorübergeht. Im
Gegenteil: «Mr. & Mrs. Smith» scheint kein Ende zu nehmen.
Eine Belanglosigkeit jagt die nächste und mit jeder Einstellung
fragte ich mich mehr, ob denn wirklich jemand an dieses Drehbuch geglaubt hat oder ob man einfach den Pitt und die Jolie
in ein und denselben Film packen wollte. (Halloo, das hat doch
schon bei «The Mexican» nicht wirklich funktioniert.)

Anfangs bildete ich mir noch ein, in bester Billy Crystal und
Meg Ryan Manier hätte sich da was «When Harry Met Sally at
Checkpoint Charly»-mässiges entwickeln können. Doch der Film
dümpelt so unmotiviert von Beziehungskistengedöns zu Actionszene, dass man sich fragt, was das Ganze denn soll. Ich bin ja

sonst eher zurückhaltend mit solchen Fragen, aber was sollte uns der Film denn bitteschön sagen? Mir käme ja beispielsweise bei einem Bruckheimer Film auch nie in den Sinn, nach eben diesem zu fragen, aber dort ist wenigsten die Action virtuos inszeniert. Was einige Michael-Bay-typische Kamerafahrten übrigens in «Mr. & Mrs. Smith» zu suchen hatten, ist mir schleierhaft. Also nur ein weiteres unpassendes Element in einem lahmen Mix aus Romanze und Action.

Wahrscheinlich sah das Rezept auf dem Papier wirklich gut aus: Zwei Sexsymbole jagen sich durch Explosionen und Bettlaken und leiern zwischendurch einige wirklich gut gemeinte Dialoge beim Eheberater herunter. Leider funktioniert die Mischung nicht, und der Host fing wieder mal an zu fantasieren:

So wünschte ich mir nach den ersten 30 Minuten, dass plötzlich Jennifer Aniston und die gesamte Crew von «Friends» in's Bild stürmen, den Film an sich reissen, ihn zur Season's Finale Doppelfolge erklären und Pitt und Jolie zu Gaststars degradieren. Wenigstens wäre der Spuk dann nach 60 Minuten vorbei. Und wenn wir schon dabei sind, könnte Ben Stiller, Owen Wilson und Will Ferrell auch noch gleich mitmischen und Vince Vaughn dabei unterstützen, dem Film irgendwie was Sehenswertes oder wenigstens etwas derben Humor zu verleihen.

Doch leider passierte nichts von alledem und das wohl unterkühlteste Paar seit Walter Matthau und Jack Lemmon rannte weitere 90 Minuten durch explodierende Autos, explodierende Zelte, explodierende Hochhäuser, explodierende Kaufhäuser und noch mehr explodierende Autos. Natürlich stellenweise in Zeitlupe, nur um das Erlebnis noch zu verlängern. Danke!

Das schönste und zugleich traurigste im Film war das Placement eines «Fight Club» T-Shirts. Einerseits wurde ich dadurch daran erinnert, dass Brad Pitt ja eigentlich supertolle Filme macht, wenn man ihn lässt. (Wäre wieder mal Zeit, zum Glück gibt's ab und zu ja einen «Ocean» Film), andererseits merkte ich, wie belanglos der Film tatsächlich ist, wenn es ein T-Shirt schafft, meine Aufmerksamkeit bis zu den Credits an sich zu binden.

Bei solch unausgegorenen Mischungen gibt's nur eins: Säuberlich Romanze von Action trennen und in die Mülltonne damit.

BATMAN BEGINS

Premiere: 15. June 2005
Director: Christopher Nolan
Cast: Christian Bale, Michael Caine, Ken Watanabe, Liam Neeson

13. June 2005

Und der Host sah, dass es gut war.

Danke! Danke! Danke! Grmpfl... Host nicht enttäuscht! Host glücklich! Hi, Hi, Hi! Ich könnte die ganze Kritik von «Batman Begins» mit solchen Einsilbern und gutturalen Lauten bestreiten. Seit ich den Film gesehen habe, trage ich ein Grinsen vor mir her, auf das Jack Nicholson stolz wäre.

Danke, Christopher Nolan; trotz meinen hohen Erwartungen an «Batman Begins» wurde ich nicht enttäuscht.

Wer hätte gedacht, dass ich mich mal so darüber freuen würde, den Schwarzen Ritter zurück auf der Leinwand zu sehen? Nach den unsäglichen «Batman & Robin» und «Batman Forever» (Was sollte eigentlich dieser Titel bedeuten?) hätte man sich ja eher den Allerwertesten mit einem eitrigen Seeigel abgewischt, als sich noch mal freiwillig eine solche Verfilmung anzusehen. Doch wenden wir uns nun ab von diesen grausigen Zeiten und richten wir unseren Blick auf die aktuellste Version des Flatter-manns:

Sollte «Batman Begins» der beste Batman ever sein? Yep. I think we've got a winner here! Der Film hat einfach alles: Story, Drama, düstere Atmosphäre, Humor, viele, viele Gadgets, nette Effekte, grandioses Production Design und eine tolle Besetzung mit einem herausragenden Christian Bale als Bruce Wayne.

Der gute Name des Flattermanns ist endlich wiederhergestellt. Und obwohl entgegen all meinen Befürchtungen alles doch noch mehr als gut herausgekommen ist, bleibe ich angespannt. Es wurde einfach schon zu viel B.S. unter dem Namen «Bat-man» herausgebracht. So wohnen seit der erlösenden «Batman Begins» Vorstellung zwei Seelen in meiner Brust: Nein, nicht Schizophrenie im Frühstadium, sondern einerseits das Verlan-gen, noch möglichst viel von diesem neuen, düsteren, stilvollen Batman zu sehen (140 Minuten sind nicht annähern genug) und andererseits der Wunsch, jetzt doch bitte die Finger von diesem fragilen Material zu lassen, bevor es wieder jemand kaputtmacht. Ich darf gar nicht dran denken: «Batman Xtreme – The Real Black Knight – starring Ice Cube in a Rob Cohen Film» oder ein erneutes Batman/Catwoman Team-up... aber das vergessen wir mal ganz schnell wieder.

Auch in einer Batman-freien Zukunft würde Christian Bale die Arbeit sicher nicht ausgehen. Und es würde mich wundern, wenn er nach seiner Vorstellung als nokturner Blutsauger nicht wieder einige Monate ganz oben auf der James Bond Besetzungsliste stehen würde. (Mal davon abgesehen, dass diese Liste zwischen-zeitlich so lang ist wie Hugh Jackman's Akzent breit.)

Danke, Liam Neeson, Morgan Freeman, Gary Oldman und vor allem Michael Caine.

«Batman Begins» – Der Titel ist Programm: Vergesst violette Strumpfhosen und Gift versprühende Regenschirme. Tabula Rasa! Und dann ein ganz neuer Beginn der Saga, und diesmal gelingt's auf ganzer Linie. Spider-Man, zieh dich warm an! Denn im Gegensatz zu vielen anderen (Comic-) Verfilmungen hat «Batman Begins» das, was schon den Erfolg des Wandkrabblers erst möglich gemacht hat: Charaktere und Story. Während Spidey Verantwortung, Entscheidungsfähigkeit und Konsequenz thematisierte, wird beim neusten «Batman»-Streifen die Angst zum Leitmotiv. Auf schon fast literarische Art und Weise bildet das Motiv auf mehreren Ebenen thematisch, visuell und als vor-antreibende Kraft das Gerüst des ganzen Films.

Es bleibt zu hoffen, dass die Qualität von «Batman Begins», Spiderman oder «Hellboy» ein Zeichen am Nachthimmel hin-terlassen wird; als Richtungsweiser und Messlatte für zukünf-tige Comicverfilmungen. Die Zeit für eindimensionale Helden in Strumpfhosen ist endgültig vorbei. Die Comicverfilmung ist erwachsen geworden. Auf dass hanebüchene Ausrutscher wie der Anti-Hai-Batspray oder die Batman Kreditkarte in Zukunft der Vergangenheit angehören.

Angesichts der Fülle an Comicverfilmungen in (Vor-) Produktion bleibt jedoch zu befürchten, dass sich unter Filmen wie «The

Fantastic Four», «Nick Fury», «Superman Returns», «Spider-Man 3», «Captain America», «Ghostrider», «Hellboy 2», «Iron Man», «X-Men 3» mehr als eine Gurke finden wird.

THE HITCHHIKER'S GUIDE TO THE GALAXY

NOT RATED

Premiere: 28. April 2005
Director: Garth Jennings
Cast: Martin Freeman, Yasiin Bey, Sam
Rockwell, Zooey Deschanel

11. June 2005

Masslos überschätzt

Nachdem ich nun als langjähriger «Star Wars» - Anhänger und kompletter Douglas Adams Neuling den Film «The Hitchhiker's Guide to the Galaxy» gesehen habe, stelle ich mir lebhaft vor, wie dieser Tage diese zwei Fraktionen einander so richtig genüsslich die Fresse einhauen würden, wenn man es nur darauf anlegen würde. Beatles - Rolling Stones, Mörgeli - Schmid, Arafat - Kishon, Adams - Lucas: Es gibt Dinge, die sind einfach nicht miteinander vereinbar.

Warum ich die Kritik zu einer Kömödie so ernsthaft und feindselig beginne, fragt Ihr euch? Nun, aus dem einen Grund, warum überhaupt je jemand ernsthaft und feindselig wird: Mein Stolz wurde verletzt: Nach «The Hitchhiker's Guide to the Galaxy» weiss ich endlich, wie es sich anfühlt, wenn man als uneingeweihter Trottel in eine eigentlich geschlossene Vorstellung eines gefälligst zu respektierenden Films hinein trampelt, ohne es zu wissen. Zwar hatte ich vom Kult um Douglas Adams' Erfolgsromane gehört, hätte aber nicht gedacht, dass diese Fangemeinde in meiner näheren Umgebung tatsächlich noch aktiv ist. Die umgehängten Handtücher einiger Kinobesucher belehrten mich jedoch eines Besseren. Inmitten dieser Fans kam ich mir doch etwas unwillkommen vor. Besonders weil ich während des Films immer wieder erstaunt ein Gelächter um mich herum wahrnehmen musste, das mir nur allzu gut bekannt war: Das laute, selbstgefällige «Hört-mich-lachen-ich-bin-ein-Insider-und-hab-den-Witz-verstanden-Lachen». Verdammt, als elitärer Kinofreak und selbst ernannter Kenner des Mainstream-Kinos habe ich dieses süffisante, Ignoranz-verachtende Lachen praktisch erfunden. Und plötzlich finde ich mich nun in der Rolle des Unwissenden wieder. Für einen Host, der schon die Augen verdreht, wenn jemand die korrekte chronologische Abfolge der «Star Wars» Filme nicht auf Anhieb versteht, ist das schon etwas ungewohnt und kränkend.

Somit konnte ich die allgemeine Hitchhiker-Euphorie nicht ganz nachvollziehen. Dieser ach so spezielle Humor und die zugegebenermassen sehr interessante Erzählweise kam mir etwas zu willkürlich daher. Zumindest in der Verfilmung. Ich bin fast überzeugt, dass es sich bei der Buchvorlage um ein tolles, unglaublich phantasievolles Werk handelt, doch irgendwie funktionierte das für mich im Film nicht allzu toll. Vor lauter abstrusen Einfällen und Theorien vermisste ich etwas das Feingefühl für Dramaturgie und Spannung.

Die Gründe, warum ich «The Hitchhiker's Guide to the Galaxy» nicht wirklich mochte, sind eigentlich dieselben, für die ich «Revenge of the Sith» liebte (irgendwie). Beides sind bestenfalls durchschnittliche Filme, bei denen man das Umfeld und Entstehung drumherum kennen muss, um die Geschichten geniessen zu können.

Am besten gefiel mir der Streifen dort, wo er ein eigenständiger Film ist und nicht auf seinen Ruf als Kultbuchverfilmung Rücksicht nimmt. Dies sind meist die Momente, in denen die Schauspieler (allen voran wieder einmal der herrliche Sam Rockwell) oder die Puppen (darf man die so nennen?) aus Jim Henson's Creature Shop federführend sind. Mit Abstand am besten gefielen mir jedoch die stöhnenden Türen. Dieser Witz reizte sogar meine unwürdigen Lachmuskeln. Ganz im Gegensatz zu der Sache mit dem Handtuch. So was Doofes! Das kann ich nun wirklich nicht verstehen. So, und nun geh ich ein wenig mein Laserschwert streicheln.

STAR WARS: EPISODE III

NOT RATED

Premiere: 17. May 2005
Director: George Lucas
Cast: Hayden Christensen, Natalie
Portman, Ewan McGregor, Samuel L. Jackson

6. June 2005

I have a good feeling about this

Ja ja, ich weiss, jetzt will hier auch niemand mehr wissen, was ich denn vom langersehntesten Film seit «Patch Adams 2» halte. Dabei habe ich schon vor Wochen wirklich einige Anläufe genommen, eine sinnvolle Kritik zu Epi 3 zu schreiben. Aber es kam einfach nix bei raus. Ich wollte den Film so sehr mögen, dass eine objektive, ja nicht einmal eine subjektive Kritik möglich ist. Drum lass ich's bei einer Kurzkritik bewenden.

Ausserdem wurde ja so ziemlich alles über «Episode III» geschrieben, da wird da Netz wohl auch mal ohne meinen bescheidenen Beitrag auskommen.

Nur soviel sei gesagt: Der Film stellt einen würdigen Abschluss der Serie dar und es hätte viel schlimmer kommen können. Und mal ehrlich: Dieser Film interessiert wahrscheinlich nur noch all jene ernsthaft, die wie der Host schon seit Jahrzehnten unheilbar mit dem «Star Wars» Virus infiziert und deswegen schon in der Schule schräg angeschaut worden sind. Und entgegen besserem Wissen werden auch diese Fans vom Film begeistert sein. Schliesslich ist das wohl der letzte «Star Wars» Film, der je im Kino laufen wird (mal abgesehen von der diversen wohl unvermeidlichen Special Editions in den kommenden Jahren). Und da mir etwas an meinem Seelenheil liegt, finde ich den Film nun einfach mal supertoll. In ein paar Jahren glaub ich's dann selber.

KUNG FU HUSTLE

NOT RATED

Premiere: 23. December 2004
Director: Stephen Chow
Cast: Stephen Chow, Wah Yuen, Qiu
Yuen, Siu-Lung Leung

6. June 2005

Und wieder eine selten-billige Kritik zu einem eigentlich nicht
schlechten Streifen: «Kung Fu Hustle».

Mit diesem Beitrag werden die treuen Leser von nidwirkli.ch einmal mehr mit einer Kurzkritik abgespeist. Aber was soll's?

Eher unerwartet fand ich mich in einer Vorstellung von «Kung
Fu Hustle» wieder. Noch unerwarteter stellte ich fest, dass der
Film mir tatsächlich nicht schlecht gefallen hat. Endlich mal was
neues und nach dem unsagbar langweiligen «Crouching Tiger
Hidden Dragon» kehrt mein Glaube in dieses Genre zurück.

Der gelungene Mix aus Kung Fu Action, Parodie und Slapstick
wusste den Host zu überzeugen und ist jedem zu empfehlen, dem
«Kill Bill» zu wenig originär und das Matrix-Zeugs zu ernst war.

Ausserdem fährt der Film mit einem ansehnlichen Arsenal an
Anspielungen und Anekdoten auf, und man merkt einmal mehr,

wie sehr gewisse Motive untrennbar mit den Klassikern von Tarantino oder den Wachowskis verbunden sind.

Bevor mir der andere Arm auch noch einschläft, gebe ich dieser Kritik besser den «coup de grâce».

Und wem's nicht passt, der kann ja einen Kommentar ~~unten reinschreiben~~ und mir beweisen, dass der durchschnittliche nidwirkli.ch Leser nicht so ein fauler Sack ist wie der Host selber.

SKY CAPTAIN AND THE WORLD OF TOMORROW

NOT RATED

Premiere: 17. September 2004
Director: Kerry Conran
Cast: Gwyneth Paltrow, Jude Law,
Angelina Jolie, Giovanni Ribisi

1. May 2005

Auch ein wunderlicher Titel kann einen tollen Film nicht verderben.

Nun steh' ich hier ich armer Tor

und überlass sie andern, die 1. Mai Demo.

Da frag ich mich, ja müsst ich denn,

als Träumer, Host und Philanthrop,

auch motzen, lärmen, Zeichen setzen,

Flagge zeigen, mitmarschieren,

mit den frustrierten Unzufriednen,

die da durch die Gassen hetzen?

Gestern noch Läufer in der Stadt,

euphorisch bis zum letzten Platz.

Heut grimmig, bös und weltbewegend,

die Linken, Rechten, was weiss ich,

stolzieren plagierend, schon fast peinlich.

Da dämmert's mir: Ach lass es Host,

das ist so gar nicht deine Kost,

sich mit der Polizei zu messen,

schreib lieber was, das kannst Du besser.

Doch nun zu einer Premiere: Eine Kritik zu einem Direct to DVD Silberling – mit gutem Grund, denn es ist eine Schande, dass der Film den Weg in die hiesigen Kinos nicht geschafft hat (Oder hab ich da was verpasst?). Die herrlichen, in wunderbarem Comic-Stil gehaltenen, dynamischen Bilder hätte ich nur zu gerne auf einer grossen Leinwand genossen. Als Comic Fan war

«Sky Captain and the World of Tomorrow» wahres Manna für die geplagten host'schen Augen.

Der Film ist wahrlich eine sehr angenehme Überraschung. Ich hatte schon das allerschlimmste erwartet, aber der Film kommt mit einer solchen Leichtigkeit und Ernstlosigkeit daher, dass man die Bilder einfach nur geniessen kann. Kino-Freaks aufgepasst! Dieser Film ist ein Muss für alle, die visuelle und szenische Referenzen und Zitate lieben. In «Sky Captain and the World of Tomorrow» wird von «Star Wars», über «Indiana Jones» bis zu «Lord of the Rings» alles geplündert und wiederverwertet, was visuell ein bisschen was hergibt. Da reiht sich eine Rivendale - ähnliche Idylle an die Ankunft in Cloud City aus «The Empire Strikes back», und Angelina Jolie auf der Plattform der fliegenden Festung nimmt schon mal den «Nick Fury, Agent of S.H.I.E.L.D» aus der anstehenden Marvel-Comic Verfilmung vorweg.

Tönen tut der Film sowieso wie eine Star Wars Episode. Und zwar grandios und andauernd; So ziemlich jedes einzelne Frame des Filmes ist mit Musik unterlegt. Schon fast episch. Ein cleverer «Wizard of Oz» Subtext und die obligate Klischee-Romanze vervollständigen das ganze.

Es wurde viel Schlechtes über den Film geschrieben, und das könnte ich auch tun, das mache ich schliesslich so gerne, aber warum sollte ich? «Sky Captain and the World of Tomorrow» ist auf seine eigene, spezielle Art... perfekt. Kein grosses Kino, aber auf jeden Fall Entertainment at its best.

THE LIFE AND DEATH
OF PETER SELLERS

NOT RATED

Premiere: 26. August 2004
Director: Stephen Hopkins
Cast: Geoffrey Rush, Charlize Theron,
Emily Watson, John Lithgow

23. April 2005

Nebenan plätschern die «Desperaten Hausweifen» vor sich hin und ich lausche wie jeden Montag den süssen Dialogen und warte gespannt, ob ich vielleicht heute Abend einen Hinweis darauf finden kann, warum diese Serie in den Staaten ein solcher Erfolg sein soll.

Doch nun zum eigentlichen Thema von heute: «The Life and Death of Peter Sellers». Wie so oft habe ich eigentlich keine Ahnung von der Thematik des Films, denn obwohl ich vor Jahren wohl einen oder zwei Filme der «Pink Panther» Reihe gesehen habe, fand ich diese nicht besonders lustig und bis vor kurzem konnte ich kaum Peter Sellers von Peter Weller unterscheiden.

[Jetzt verpasste ich doch prompt die erste Liebesszene bei den Hausweifen.]

Zurück zum Thema: Obwohl ich mich im Grunde nicht besonders für Peter Sellers erwärmen kann, muss ich den Film auf der ganzen Linie empfehlen, denn eine Vermutung scheint sich bei «The Life and Death of Peter Sellers» zu bestätigen: Die Qualität eines Biopic kann daran gemessen werden, wie gut man den Film finden kann, auch wenn man die grundlegende Figur nicht im Vornherein kennt. (Das muss eine meiner holprigsten Formulationen seit langem sein.) Wie bereits bei «The People vs. Larry Flynt», «Man on the Moon» oder «The Aviator» hatte ich von den historischen Hintergründen im Vorfeld keine Ahnung, war dann jedoch von der filmischen Umsetzung umso mehr angetan.

Dasselbe trifft auch auf «The Life and Death of Peter Sellers» zu. Der Film funktioniert auf allen Ebenen so perfekt, dass es einfach ein Genuss ist, sich auf die Geschichte einzulassen und die Entwicklung der Figuren mitzuverfolgen. Insbesondere der Kunstgriff, die Geschichte auf mehreren Ebenen spielen zu lassen... Oh, gerade hüpfte eine fast nackte desperate Hausweif über meinen TV Bildschirm; ich glaube, langsam begreife ich das Konzept der Serie. Wo war ich? Ach ja, die Geschichte von Peter Sellers wird auf sehr ungewöhnliche, aber äusserst originelle Weise erzählt: In einer Art Rahmenhandlung wird man zu Beginn von Sellers persönlich in die Geschichte eingeführt, indem quasi die Handlung als Film im Film vorgestellt wird. Im weiteren Verlauf des Streifens wird die Geschichte immer wieder fliessend vom Erzähler unterbrochen, so dass man immer mehr den Überblick verliert, auf welcher Ebene der Erzählung man sich denn gerade befindet. Das Schöne dabei ist, dass dies überhaupt keine Rolle spielt und den Rhythmus der Geschichte nicht unterbricht. Beim genannten Erzähler handelt es sich notabene um den verkleideten Peter Sellers, der wiederum von Geoffrey Rush verkörpert wird. Dies mag nun etwas konfus tönen, im Film verwirrt dies jedoch nie, sondern funktioniert als formaler Kniff, um das eigentliche Hauptmotiv des Filmes widerzuspiegeln: Die vermeintliche Unbestimmtheit oder gar Abwesenheit von Peter Sellers' ureigener Persönlichkeit.

An dieser Stelle scheint mir ein grosses Lob an Geoffrey Rush angebracht, denn obwohl er praktisch in jeder Szene des Filmes (mindestens einmal) vorkommt, nimmt man ihm die Figur des Peter Sellers zu jeder Zeit ab. (Ein Ding der Unmöglichkeit bei den Superstars wie z.B. Cruise oder Clooney, Travolta oder Pitt, die, so gut sie auch spielen, meistens eher Figuren verkörpern, die eben wiederum den Schauspielern Cruise, Clooney, Travolta oder Pitt zum verwechseln ähnlich sehen und sich auch so benehmen. «Ocean's Twelve» bewies uns zum Glück, dass dies ja auch nichts Schlechtes sein muss.)

Die Hausweifen verabschieden sich übrigens gerade, wiederum halb nackt, und machen im Äther Platz für die nächste «TV-Sensation» aus den USA: Komisch, obwohl die Gestrandeten in «Lost» schon seit Wochen auf einer abgelegenen Insel ohne Kontakt zum Rest der Welt festsitzen, scheinen die Leute dort immer noch mehr Anziehsachen als die Hausweifen zu haben.

Man sollte sich «The Life and Death of Peter Sellers» auf jeden Fall anschauen, egal, ob man die Hintergründe nun kennt oder nicht. Und nachdem man das Grab von Ray Charles mit Grammies und Oscars zugeschüttet hat, ist es nur gut und recht, wenn man auch Peter Sellers Tribut dieser Art zollt, zumal «The Life and Death of Peter Sellers» nüchtern betrachtet um Längen unterhaltsamer ist als «Ray».

THE MERCHANT OF VENICE

NOT RATED

Premiere: 3. December 2004
Director: Michael Radford
Cast: Al Pacino, Joseph Fiennes, Lynn
Collins, Jeremy Irons

7. April 2005

Darf's ein bisschen mehr sein?

Irgendwie bedaure ich fast, dass weder Halle Berry noch Michael Dudikoff eine Hauptrolle in «The Merchant of Venice» bekommen haben. Wäre dies der Fall, hätte ich keine Skrupel, diesem Film einen solchen Verriss zu verpassen, dass Michael Radford glaubte, Massimo Troisi persönlich stiege aus seinem Grab und haue ihm seine Oskar-Nomination um die Ohren.

Da der Part des Shylock aber nun mal nicht von einem dahergelaufenen Lorenzo Lamas sondern vom grossen Al Pacino persönlich gespielt wird, sehe ich mich als Fan in der Pflicht, etwas differenzierter an den Film heranzugehen.

Jeder durchschnittlich kulturell Interessierte weiss wohl um die Brisanz und den beissenden Humor in William Shakespeare's

«Der Kaufmann von Venedig». Da der Host jedoch alles andere als durchschnittlich ist, war er sich dieses Umstandes nicht bewusst, bis er es in einigen nidwirkli.ch-fremden Kritiken gelesen hatte. Ich gehe daher mal davon aus, dass der Stoff wirklich so heikel ist und der Brisanz-Regler bei der Vorstellung, die ich im Kino erleben durfte, nicht ganz so hoch eingestellt war wie vom Verleiher empfohlen. (Falls der geneigte Leser jetzt das Gefühl hat, der vorangegangene Satz mache nicht viel Sinn, dann hat er wahrscheinlich recht.)

Und übrigens: Muss den immer alles als brisant, heikel oder zumindest anspruchsvoll bezeichnet werden, wenn ein Bösewicht jüdischen Glaubens (oder ein arabischer Terrorist, oder ein Schweizer Banker) auch nur am Rande vorkommt? Ich dachte, diese Diskussion über Antisemitismus im Mainstream-Kino sei spätestens seit «The Passion of the Christ» doch eher abgegriffen. Ausserdem gab es damals schliesslich um «X-Men» auch keine Diskussion zum Thema, obwohl Magneto mindestens ebenso boshaft wie Shylock und die Szene mit ihm als Kind im KZ fast ebenso schwarz-weiss wie der Grossteil von «Schindler's List» ist.

Brisanz ist gefragt? Dann lanciere ich hiermit aus dem hohlen Bauch heraus das Internet-Gerücht, dass Steven Spielberg's «Jaws» («Der Weisse Hai») ursprünglich unter dem Arbeitstitel «Jews» von einem übermächtigen, jüdischen Hai handeln sollte, der aus Rache einen arischen Strand terrorisiert, dann aber von einem anderen Mitglied der jüdischen Gemeinschaft zur Strecke gebracht wird. Voilà: innerhalb weniger Wochen werdet Ihr auf meine Website geleitet, wenn Ihr auch nur daran denkt, nach «Kontroverse» zu googeln. DAS ist Brisanz.

Zurück zum Thema: Im Allgemeinen wird ebendiese Brisanz als Grund aufgeführt, dass «The Merchant of Venice» bis jetzt als Filmvorlage eher vernachlässigt wurde. Ich selber vertrete die Auffassung, dass Filmemacher bis jetzt einfach das Risiko, einen langweiligen Film abzuliefern als zu gross eingestuft hatten. Angesichts der Tatsache, dass ich die literarische Vorlage von Shakespeare nicht gekannt hatte, bis ich den Film gesehen habe, ist diese meine Behauptung natürlich ein «circulus in probando», eine Feststellung, die ich erst im Nachhinein machen konnte. Das ist das schöne an Fremdwörtern: An dieser Stelle studieren noch 85% meiner Leser was ein «circulus in probando» denn ist, (es ist ein Zirkelschluss), und ich brauche mir keine Gedanken zu machen, wie ich wieder Fluss in den Text bringe, aber wer den Film gesehen hat, weiss, was ich meine: «The Merchant of Venice» ist langweilig. Es soll sogar Leute geben, die während der Vorstellung eingeschlafen sind. Zwar ist dies dem Host selber seit «Sleepers» nicht mehr passiert (kein Witz, ehrlich!), jedoch sind auch für ihn die narkoleptischen Reaktionen auf «The Merchant of Venice» sehr wohl nachvollziehbar.

Kurz: Ich wartete den ganzen Film lang darauf, dass Al Pacino endlich aufdreht und den Kinosaal mit einem seiner lautstarken Monologe erzittern lässt. Doch obwohl es an einigen Stellen den Anschein macht, jetzt lege er los, kommt es nie zum «The Devil's Advocate» oder «Any Given Sunday» Moment (wer die Filme gesehen hat, weiss was ich meine). Die Rolle des Shylocks lässt dies gar nicht zu. Denn wenn Pacino aufdrehen würde, wäre der

Film für seine Schauspielerkollegen gelaufen. Und soweit ich die Story verstanden habe, ist es der Dramaturgie nicht sonderlich hilfreich, wenn die Figur des Shylock zur Hauptidentifikationsfigur wird. Doch auch mit Pacino mit angezogener Handbremse passiert leider eben dies, was mitunter ein Grund ist, dass der Film nicht wirklich funktionieren kann. Halloo?! Dann besetzt nicht Al Pacino auf diesen Part oder gebt ihm einen ebenbürtigen Counterpart, vielleicht Sean Penn, Edward Norton oder wenigstens Jamie Foxx als Othello! Denn wenn der Shylock am Schluss mit eingezogenem «Little Friend» herunterkapitelt wird, ist das für den Zuschauer so unbefriedigend wie wenn Tony Montana am Ende von «Scarface» ins Zeugenschutzprogramm aufgenommen werden würde. (Übrigens weiss ich sehr wohl, dass Othello nicht im «Kaufmann von Venedig» vorkommt, aber wenn im Sommer «Stealth» in die Kinos kommt, könnten Foxx's Oscar-Ehren so schnell aus dem Bewusstsein der Öffentlichkeit verschwinden wie der gleichnamige Flieger vom Radar, und Foxx wäre froh, wenn er auf einen Othello in seinem Lebenslauf verweisen könnte).

Nun ein Wort zum eigentlichen «Helden» des Stücks: Obwohl Joseph Fiennes seit «Shakespeare in Love» was Frauen anbelangt nicht viel gelernt zu haben scheint, kann man nichts gegen seine schauspielerischen Fähigkeiten sagen. Nicht umsonst sind seine Leistungen in «Schindler's List» oder «The English Patient» bis heute unverg..., oh, entschuldige Joseph. Nächstes Thema.

Abschliessend kann ich sagen, dass das Beste an «The Merchant of Venice» die Tatsache ist, dass ich mich an einen anderen Film erinnert wähnte, den schon fast vergessen hatte: «Looking for Richard». Jedem, der sich für eine wirklich gelungene und amüsante Kombination von Shakespeare und Pacino interessiert, dem lege ich diesen pseudo-dokumentarischen Film mit vielen bekannten Gesichtern ans Herz. Und wenn man Al Pacino dann immer noch als Juden in brisantem Umfeld sehen will, dann empfehle ich den Thriller «People I know» («Im inneren Kreis»).

THE LIFE AQUATIC WITH STEVE ZISSOU

NOT RATED

Premiere: 25. December 2004
Director: Wes Anderson
Cast: Bill Murray, Owen Wilson, Anjelica
Huston, Cate Blanchett

3. April 2005

Auf diesen Film habe ich gewartet: Endlich ein wirklich guter
Grund, wieder einmal eine neue Kritik zu verfassen.

~~Und weil sich der Host so sehr darüber freut, gibt's ab heute
sogar ein neues Bewertungssystem auf nidwirkli.ch: Der grösste
Vorteil dabei: Ich kann nun meinen Senf zu den Filmen geben,
auch ohne eine ellenlange Abhandlung darüber zu schreiben.~~

Nun trotzdem noch einige Worte zu dieser herrlich schrägen und
amüsanten Hommage an Jacques Cousteau: Zwar interessiere
ich mich weder für Wasser, Fische, Ozeanografen noch sonst
für irgendein Thema, welches in diesem Film aufgegriffen wird,
trotzdem liebte ich diesen Film. Wer Bill Murray mag und seine

Rolle in «Lost in Translation» liebte, ist in «The Life Aquatic» auf jeden Fall schon mal sicher im richtigen Film.

Hier aber gleich eine Warnung: Eine gewisse Affinität zu schrägem Humor ist eine dringende Voraussetzung, um diesen Streifen wirklich geniessen zu können. Wem diese abgeht, wird wohl fragend auf die Leinwand starren und sich eher langweilen als amüsieren.

Alle anderen können sicher sein, dass schon die Besetzung, angefangen bei Bill Murray über Owen Wilson, Willem Dafoe und Cate Blanchett bis hin zu einem lange nicht mehr gesehenen Jeff Goldblum den Preis für das Ticket wert ist. Lange nicht so gelacht.

THE TERMINAL

NOT RATED

Premiere: 18. June 2004
Director: Steven Spielberg
Cast: Tom Hanks, Catherine Zeta-Jones,
Chi McBride, Stanley Tucci

12. October 2004

Es wird wieder kälter in unseren Breiten. Die Blätter fallen von den Bäumen, der Nebel setzt sich in den Tälern und die bedrückte Stimmung in den Herzen der Fussgänger fest. Der Herbst ist da. Doch während der eben noch so farbenfrohe Wald immer karger und das Wetter immer grauer wird, spielbergelt es auch wieder in den Kinosälen. Der verträumte Meisterregisseur bringt uns in dieser kalten Zeit etwas fürs Gemüt: «The Terminal».

Wenn draussen die Tage kürzer und in den muffigen Wartesälen die Gesichter länger werden, tut es richtig gut, sich in der lichtdurchfluteten Ankunftshalle des JFK Airports zusammen mit Viktor Navorski (hervorragend gespielt von Tom Hanks) aufzuwärmen und mitzuerleben, wie Spielberg aus einer eigentlich belanglosen Geschichte ein herzerwärmendes und vor allem amüsantes Stück über Einsamkeit und Freundschaft, Menschlichkeit und Pflichterfüllung, Jazz und ausgestopfte Fische zaubert.

Nach Spielbergs doch eher action-lastigem «Minority Report» findet er mit «Catch me if you can» und nun mit «The Terminal» wieder zu seiner genüsslich-phantasievollen Erzählweise zurück und liefert ein herrliches Stück Unterhaltungskino ab. Vor allem den Darstellern, Dialogen und den meisterhaften Kameraarbeit und Montage ist es zu verdanken, dass der Film sich gegen Ende von der 08:15 Komödie zu einer Art verfrühtem Weihnachtsmärchen entwickelt, dem es nicht an literarischen Motiven und Anspielungen fehlt, denn zeitweise wähnte ich mich sogar an Elemente aus Homers Odyssee oder Don Quijote erinnert.

Vor allem Tom Hanks, einige witzige Einfälle und der feine Humor machen den Film auf jeden Fall sehenswert. Denn ob es in «War of the Worlds» ebenfalls wieder so schön spielbergelt, bezweifle ich. Dann wird wohl eher wieder gecruist.

DER UNTERGANG

NOT RATED

Premiere: 16. September 2004
Director: Oliver Hirschbiegel
Cast: Bruno Ganz, Alexandra Maria Lara,
Ulrich Matthes, Juliane Köhler

30. September 2004

Ich hätte einige Gründe, bei dieser Kritik mal wieder so richtig dreinzufahren: Warum etwa sollte man sich einen Film
anschauen, der stellenweise daherkommt wie ein Telekolleg für
suizidär veranlagte Menschen?

Nachdem mir jedoch bei meinem Besuch von «Der Untergang»
ungewöhnlich viele Kinobesucher in einem sonst eher unbe-
lebten Spartenkino begegneten, besinne ich mich nun doch auf
meine Verpflichtungen als Aufklärer und gehe zur Abwechslung
mal etwas nüchterner an die Besprechung heran.

Was also treibt die Massen in «Der Untergang»? In der Warte-
schlange im Foyer fühlte ich mich plötzlich unweigerlich an das
Kinoerlebnis von «The Passion of the Christ» oder «Fahrenheit
9/11» erinnert. Allein die Anzahl der Besucher konnte nicht der
Grund für dieses Deja-Vu sein, schliesslich bin ich mir das von
anderen Blockbustern gewöhnt. Es war wohl eher die Zusam-
mensetzung des Publikums: Fällt das Stichwort «anspruchsvoll»

findet auch mal der gesetzte, erwachsene Kulturgebildete seinen Weg ins Kino, schloss ich. Nein, anspruchsvolle Filme sind nicht irgendwelche billigen Sommerhits, welche von den Studios zu riesigen Seifenblasen aufgepumpt worden sind. Nein, hier handelt es sich um Kunstwerke, mit Inhalten und Themen, die zählen. Kultur eben. Anstrengende Oeuvres, die nachdenklich und betroffen machen. Nicht dieser kommerzielle Schund, der unter Umständen sogar noch unterhalten könnte.

Man stelle sich den imaginären Hauke vor, wie er im Lesezirkel zugibt, das letzte Kapitel von «Der Zauberberg» noch nicht fertig gelesen zu haben, weil er sich lieber noch mal «Spider-Man» auf DVD angeschaut hat: Rausschmiss aus dem Club und Hausverbot im Reformkostladen wären die Folge. Einzig Kultur mit Tiefgang ist verzeihbar, wo das «Lachen, das einem im Halse stecken bleibt» der höchste Grad an zugelassener Unterhaltung ist.

Während ich mich noch fragte, warum ich mir überhaupt all diese wirren Gedanken zum Klassenkampf zwischen Kunst und Kommerz mache, fiel es mir wie Schuppen von den Haaren: Vielleicht war ich einmal mehr Zeuge eines Phänomens, das spätestens seit der heuchlerischen Dogma-Filmerei immer häufiger zu beobachten ist: Die wohl subversivste Art, einen Film zu vermarkten: Der Hype für Anspruchsvolle! Oder: Was mache ich aus einem schlechten Film, der zudem so langweilig ist, dass er nicht als Mainstream-Kracher verheizt werden kann? Man nennt es «anspruchsvoll» und findet auch so ein dankbares Publikum.

Warum, frage ich, muss «anerkannte» Kunst und Kultur nur immer ernsthaft, kompliziert und auf keinen Fall unterhaltsam sein? Es gibt doch schon mehr als genug solchen Müll in der Mainstream-Ecke.

Glücklicherweise trifft entgegen meinen Erwartungen nichts von alledem auf «Der Untergang» zu. Sieht man von einigen Längen am Schluss ab, weiss der Streifen sehr wohl zu unterhalten. Überraschenderweise gibt's stellenweise sogar was zu schmunzeln. Auch Story, Dramaturgie, Spannung und Humor, die hervorragende Besetzung und die üppige Ausstattung wissen zu überzeugen.

Obwohl der Film also im allgemein alles andere als enttäuscht, macht ihn erst die gewagte Perspektive, aus der die Geschichte erzählt wird, sehenswert: Die Nazis, allen voran Hitler, werden hier einmal nicht als klischierte Monster oder tumbe Lakaien dargestellt, sondern bleiben während dem ganzen Film mehr oder weniger sorgfältig ausgearbeitete Charaktere, die mit ihrem Schicksal hadern. Mehrmals werden zwar auch Aspekte wie Judenverfolgung oder ideologische Gleichschaltung thematisiert. Dies geschieht jedoch eher der Vollständigkeit halber und wird nie zur Hauptaussage des Filmes gemacht.

Ich rechne es dabei den Machern hoch an, dass der Film auch mit dem gewagten Versuch, Hitler als eine Person unter vielen darzustellen, nie zu provozieren versucht. Vielmehr wird da eine (wohl wahre) Geschichte aus ungewohnter Perspektive erzählt, in der nun mal einer der Protagonisten Hitler heisst.

Dieses Vorgehen gibt dem Film einen sehr eigenwilligen Charakter, denn gerade diese Nüchternheit im Film schafft eine

Spannung, die per Tränendrüse oder schlechtem Gewissen nicht zu realisieren gewesen wäre.

Diese Art der Inszenierung an sich würde eigentlich 4 Punkte verdienen; beurteile ich den Film jedoch wie anfangs versprochen ebenso nüchtern und als Gesamtwerk, vermag auch Bruno ganz beeindruckende schauspielerische Leistung den Film nicht über ein (sehr gutes) Mittelmass zu erheben.

HELLBOY

NOT RATED

Premiere: 2. April 2004
Director: Guillermo del Toro
Cast: Ron Perlman, Doug Jones, Selma
Blair, John Hurt

22. September 2004

«Snowball in Hell» – Für diesen Streifen bekam Steven Seagal
im Film «In & Out» einen Oscar als bester Schauspieler. Wer
Steven Seagal kennt und «In & Out» gesehen hat oder zumindest der englischen Sprache mächtig ist, wird nun hoffentlich
schmunzeln, denn «Snowball in Hell» war wohl der beste Gag in
Frank Oz' Komödie von 1997.

Die wohl verwirrte Mehrheit der Leser kann ab hier wieder einsteigen: «Snowball in Hell» hat natürlich herzlich wenig mit
«Hellboy» zu tun, aber was soll's – eh man sich's versieht, ist
man schon mitten in der «Hellboy» Kritik angelangt, ohne dass
der Host auch nur die geringste Anstrengung unternommen
hätte, sich einen passenden Anfang für diesen Text auszudenken.

Doch nun endlich zum eigentlichen Thema: «Hellboy» ist ein
echter Leckerbissen. Comicverfilmungen sind zugegebenermassen zur Zeit nicht gerade Mangelware in den Kinos. Nach «Catwoman» scheint mir aber ein so gelungener Film wie «Hellboy»

gerade recht zu kommen, um die Reputation der Comicverfilmung nach dem felinen Desaster wiederherzustellen. (Nein,
natürlich habe ich «Catwoman» nicht gesehen. Warum ich mir
dann ein Urteil über den Film erlaube? Weil meine Schmäh-
schriften nur auf diese Art unbeeinflusst, subjektiv und letztlich
unabhängig bleiben.)

Zwar muss ich einmal mehr gestehen, dass ich, wie bereits bei
«Harry Potter», «I Robot» oder «Passion of the Christ» die literarische Vorlage nur vom Hörensagen kenne. Trotzdem wage ich
zu behaupten, dass der Transfer von Mike Mignola's Comic auf
die Leinwand voll und ganz gelungen ist. Aus einleuchtendem
Grund kann ich mir kein Urteil über die Authentizität von Aussehen und Charakter von Hauptfigur, Story und Hintergrund
erlauben, als Film funktioniert das ganze jedoch einwandfrei und
übertraf meine (hohen) Erwartungen sogar.

Fantasievoll, Lustig, spannend, düster, überraschend, ja sogar
als charismatisch könnte man «Hellboy» bezeichnen. Dies ist vor
allem der treffenden Besetzung des Hauptcharakters zu verdanken. Obwohl Ron Perlman schon seit Jahren eine feste Grösse im
Fantasy- und Horrorgenre ist, scheint «Hellboy» der erste Film
zu sein, dem er seinen persönlichen Stempel aufdrücken konnte
(oder durfte). «Red» sprüht geradezu vor Witz, Charisma und
vor allem Selbstironie und irgendwie hat man das Gefühl, dass
Perlman nicht allzu tief unter den Schichten von Make-up steckt
und einen Heidenspass an seiner Rolle hat.

Natürlich ist der Film keine Charakterstudie sondern ein hervorragend gemachtes Fun-Movie, das über weite Strecken von der

Präsenz des Hauptcharakters getragen wird. Denn was Story, Dramaturgie und Action betrifft, bietet «Hellboy» trotz einigen witzigen Einfällen nicht viel neues.

Auf die Erwähnung von Karl Ruprect Kroenen, dem herrlich bösen Handlanger von Rasputin, möchte ich an dieser Stelle nicht verzichten. Einer, wie ich finde, der interessanteren Bösewichte in der jüngeren Kinogeschichte. Kroenen erinnert an die gute alte Zeit eines T-1000 oder eines Predators, als die Schurken einfach nur durchtrieben und gemein sein duften und nicht eine grauzonige Antithese zum ebenfalls gebrochenen Helden darstellen mussten.

Wer sich «Hellboy» anschauen sollte, wird jedoch feststellen, dass auch der Kern unter Kroenen's harter Schale weich ist,... um nicht zu sagen matschig.

COLLATERAL

NOT RATED

Premiere: 5. August 2004
Director: Michael Mann
Cast: Tom Cruise, Jamie Foxx, Jada
Pinkett Smith, Mark Ruffalo

18. September 2004

Es gibt ja Hollywood-Schauspieler, die erklären jedem, den es interessiert (und auch allen anderen), wie sie sich bei der Rollenwahl bemühen, möglichst nicht in diese kleinen Besetzungsschachteln gesteckt zu werden. Wir Zuschauer sind natürlich jedes Mal erleichtert, wenn wir dieses Statement aus dem sprachfähigen Kopfloch eines Hollywood-Schauspielers hören. Solche Einblicke in die Abgründe einer Schauspielerseele sind ja meist unglaublich informativ, etwa wenn uns [beliebigen Schauspielernamen einfügen] erklärt, wie familiär doch die Atmosphäre beim Dreh von [passenden Filmtitel einfügen] war. Oder wenn uns Bruno Ganz im TV-Interview zum zehntausendsten Mal erklärt, wie er die Rolle des Hitlers nicht mehr ausschlagen konnte, nachdem seine Ähnlichkeit zum deutsch-österreichischen Austauschdiktator schon so offensichtlich zum Vorschein kam, als er nur Perücke und Waffenrock anprobiert hatte.

So ist es verständlich, dass auch ein Schauspieler von der Grösse,... oder besser vom Kaliber eines Tom Cruise zur Abwechslung mal einen ganz neue Art von Charakter spielen möchte. Nach «Collateral» hat er nun schon ganze zwei Charaktere im Repertoire: Die des philosophierenden Killers und eben die des arroganten, kaltschnäuzigen Egomanen, der sich zum liebevollen Gutmenschen mausert. Mit dieser Cruise'schen Wandlung vom Saulus zum Paulus verdient Tom Cruise nun schon seit zwei Jahrzehnten seinen Lebensunterhalt.

Zu behaupten, Cruise's Rollen in seinen vergangenen Filmen beschränkten sich auf den ewig gleichen Charakter in verschiedenen Variationen wäre natürlich falsch und übertrieben. Doch weit davon entfernt, ein eigenes Genre aus dem ganzen zu machen, ist der Star nicht mehr, denn die Mehrzahl seiner bekanntesten Rollen lassen mehr oder weniger tatsächlich auf das Cruise'sche Prinzip zurückführen: «Legend», «Top Gun», «Rain Man», «Days of Thunder», «A Few Good Men», «Jerry Maguire», «Eyes Wide Shut», «Magnolia», «Vanilla Sky», «The Last Samurai»: Ein arrogant grinsender Erfolgsmensch fliegt bös auf die Schnauze, macht dann eine Weile ein etwas betroffenes, ernst dreinblickendes Gesicht, um am Ende als ganz neuer Mensch weiterzugrinsen.

So gesehen wurde Tom Cruise in «Collateral» wirklich mal gegen den Strich besetzt. Vincent, der ebenso nette wie ergraute (dieses Wort gehört einfach in eine anständige «Collateral»-Kritik) Auftragskiller mit philosophischen Ambitionen ist zur Abwechslung mal eine Figur, die in Cruise's Filmographie seinesgleichen sucht.

ABER: Offensichtlich spielt es überhaupt keine Rolle, ob Cruise nun einen Auftragskiller oder einen Geheimagenten oder sonst was spielt. Das Grinsen bleibt. Und mit dem Grinsen bleibt auch Tom Cruise immer derselbe. Das ist an sich ja an sich auch nicht so schlimm. Nur wird dadurch der Story, Dramaturgie und Glaubwürdigkeit von «Collateral» nicht gerade ein Gefallen getan: Durch die Präsenz und Sympathie, die Cruise nun mal ausstrahlt, wird der Bad Guy Vincent zur Hauptidentifikationsfigur und verdrängt Max, seinen Antipoden. Damit gerät der Film, dessen Triebfeder wohl eben diese teuflisch-verführerische Freundlichkeit und die angedeutete unmögliche Freundschaft zwischen Täter und Opfer (Stockholm-Syndrom?) gewesen wäre, aus dem Gleichgewicht. Der Bösewicht ist einfach zu nett und Jamie Foxx als Max kann trotz seiner soliden schauspielerischen Leistung nichts daran ändern.

Zu Beginn wirkt «Collateral» ohnehin wie ein Buddy-Movie, in den auch Mel Gibson und Danny Glover gepasst hätten. Wenn Vincent gegen Schluss endlich so richtig böse wird und auf Max losgeht, ist der Film leider schon fast vorbei und man fragt sich, ob die beiden denn nicht einfach wieder lieb miteinander sein können.

Collateral ist somit ein perfekt gestylter Thriller, der immer noch um Klassen besser ist als der üble Durchschnitt, der sonst in die Kinos gespült wird. Im unvermeidlichen Vergleich mit Michael Mann's Meisterwerk «Heat» schneidet er jedoch schlecht ab und man wünscht sich, die der ganze Film sässe so gut wie Tom Cruises Anzug.

THE VILLAGE

NOT RATED

Premiere: 30. July 2004
Director: M. Night Shyamalan
Cast: Sigourney Weaver, William Hurt,
Joaquin Phoenix, Bryce Dallas Howard

5. September 2004

Ich bringe es mal hinter mich – dann ist es raus: «The Village»
ist enttäuschen. ABER wie könnte es auch anders sein?

1999 wurde ich von «The 6th Sense» angefixt. Seither brauche
ich den Stoff von M. Night Shyamalan. Und mit jedem Film will
ich mehr – mehr Suspense, mehr dieser originellen Einstellungen, mehr Überraschung am Ende. Leider ist in diesen Belan-
gen «The 6th Sense» nun mal kaum zu überbieten und bereits
«Unbreakable» und «Signs» schienen bei aller Qualität eben
nur weitere Versionen des ursprünglichen Thriller-Konzepts von
«The 6th Sense» zu sein. Mit «The Village» hat sich dieses Konzept etwas totgelaufen – vorläufig zumindest.

Eine objektive Beurteilung von «The Village» als eigenständiger
Film ist daher kaum möglich.

Das dankbarste für M. Night Shyamalan wäre wahrscheinlich,
wenn er sich ein Pseudonym zulegen würde. Dann wären der

Druck und die Erwartungshaltung nicht so stark und die Qualität seiner Werke kämen wieder voll zur Geltung. Leider müsste er dann wahrscheinlich auch auf seine geliebten Gastauftritte verzichten.

Mit «The Village» beweist Shyamalan einmal mehr, dass er zu den begabtesten jungen Regisseuren Hollywoods gehört. Handwerklich und erzählerisch perfekt beschreibt er in ruhigen und darum umso spannenderen Bildern das ländliche Leben der Dörfler um Joaquin Phoenix, Adrien Brody und William Hurt. Wo David Fincher auf visuelle Gimmicks oder Michael Bay auf ultraschnelle Schnitte setzt, konzentriert sich Shyamalan einmal mehr auf die Kamera und die einzelnen Einstellungen. Hier spiegeln sich die Überraschungen, die ihn bekannt machten, im kleinen wieder und jede noch so alltägliche Einstellung kann zum Schocker werden. «Getrickst» wird dabei nur selten, etwa wenn der Meister sich traditionelle selber vor der Kamera zeigt. Dabei kombiniert er die einzelnen Elemente so virtuos, dass eine übertriebenen Nachbearbeitung mit Effekten oder schnellen Schnitten überflüssig wäre und gekünstelt wirken würde. Wahrscheinlich gehören seine Filme darum zu den wenigen Thrillern, die einen noch aus den Sitzen zu schrecken vermögen.

Ich wage nicht, mehr über den «The Village» zu erzählen, um niemandem die Überraschung zu verderben. Denn das gibt's auch in diesem Shyamalan-Streifen: Die Überraschung am Schluss.

THE CHRONICLES OF RIDDICK

NOT RATED

Premiere: 11. June 2004
Director: David Twohy
Cast: Vin Diesel, Judi Dench, Colm Feore,
Thandie Newton

5. September 2004

Es scheint, als hätte man besser noch ein halbes Jahr mit der Herausgabe des neuen Dudens gewartet. Die semantischen Perlen, mit denen uns da «The Chronicles of Riddick» beglückt, gehörten nun wirklich in jedes lexikalische Standardwerk: Es ist schon erstaunlich, in welchem Ernst die Hauptcharaktere, allen voran natürlich Testosteronglatze Vin Diesel, Wörter wie «Nekromonger», «Crematoria» oder «General Marshal» über die Lippen bringen, ohne dabei auch nur mit der Wimper zu zucken. Diese ungewollte (?) Komik verleiht dem Film die nötige Leichtigkeit und einen gewissen Trash-Faktor, was den Film erträglich, ja irgendwie sogar charmant macht.

Obwohl die Story erwartungsgemäss simpel gestrickt ist, hatte ich beim besten Willen Mühe, die Absichten und Beweggründe der meisten Figuren nachzuvollziehen. Die Logik hätte man am besten sowieso an der Kinokasse abgegeben,... aber was erzähl ich, so was hat mich ja noch nie gestört.

Angesichts der prächtig-protzigen Ausstattung und dem phantasievollen Produktionsdesign war ich erst geblendet und dachte, dieser Film könnte tatsächlich ernst gemeint sein. Zuerst wähnte ich mich sogar in einer dieser unsäglichen «Dune»-Sequel-TV-Produktionen, merkte dann aber schnell, dass dieser Streifen sich in völlig anderen Sphären des Unsinns bewegte. Dies ist nicht abwertend zu verstehen. Nachdem ich mich erst mal an den eigenwilligen Charakter des Film gewöhnt hatte, wurde ich prima unterhalten. Immer gespannt, was für eine Figur oder welche Location wohl als nächstes meine Lachmuskeln provozieren würde.

Es ist einer dieser B-Movies, der im Kleid einer A-Produktion daherkommt. Und in solchen Filmen macht Vin Diesel halt schon eine gute Figur (wenn ich nur mal was verstehen würde, wenn er dann mal was brummelt).

Leider schafft es dieser Trash-Bonus nicht, den Film über die 2. Hälfte des Filmes zu retten. Dann gerät er so aus dem Takt, dass das anfängliche Amusement leider der Langeweile weichen muss.

Wenigsten wird das ganze mit einem angemessenen Schluss abgeschmeckt, so dass man gut gelaunt das Kino verlässt.

Zum Abschluss zwei Gründe, warum eigentlich jeder «Chronicles of Riddick» gesehen haben sollte:

1. Wann sieht man schon mal Judi Dench und Vin Diesel im selben Film?

2. Das Science Fiction Genre ist in den Kinos in letzter Zeit sowieso untervertreten. Da hilft «The Chronicles of Riddick» doch, die Wartezeit auf «Star Wars Epi III» zu verkürzen. (Wenn ich's mir recht überlege, wäre ich erleichtert, wenn «Revenge of the Sith» nur annähernd so unterhaltsam wird wie «The Chronicles of Riddick». Aber nach Epi I und II mache ich mich besser schon jetzt auf eine Enttäuschung bereit.)

DAWN OF THE DEAD

NOT RATED

Premiere: 19. March 2004
Director: Zack Snyder
Cast: Sarah Polley, Ving Rhames, Mekhi
Phifer, Jake Weber

13. June 2004

Es geschehen noch Zeichen und Wunder! Tatsächlich schaffte
es dieser kompromisslose Splatterfilm in die Schweizer Kinos.
Das hätte ich nun wirklich nicht für möglich gehalten. Darum
war ich angenehm überrascht, als ich (spätestens nach dem
Vorspann) begriff, dass dies nicht ein weiterer weichgespülter
Teenie-Horrorfilm war, sondern knallharte Splatter-Action der
traditionellen Art. Die unvergleichliche, ausserordentlich gelungenen Mischung aus Metzgete und Humor überzeugt auf der
ganzen Linie (wenn's einem denn gefällt). Zwar besteht der Film
praktisch nur aus aneinandergereihten Ekelszenen, verdichtet
durch Spannungselemente und aufgelockert durch Humor und
Fahrstuhlmusik, dies ist aber so konsequent und kompromisslos
umgesetzt, dass es tatsächlich funktioniert und man zwar ange-
widert, aber mit einem bitteren Grinsen und vor allem prächtig
unterhalten, den Kinosaal verlässt.

«Dawn of the Dead» ist sicher Geschmackssache, wenn man
in diesem Fall von Geschmack reden will, wer sich aber in von

solchen Filmen nicht allzu sehr abgestossen fühlt, sollte den Film nicht verpassen.

HARRY POTTER AND THE PRISONER OF ASKABAN

NOT RATED

Premiere: 31. May 2004
Director: Alfonso Cuarón
Cast: Daniel Radcliffe, Emma Watson,
Rupert Grint, Richard Griffiths

5. June 2004

Und so begab es sich, dass sich der Herrscher von nidwirkli.ch erneut zum Kinematographen aufmachte, um sein undankbares Dasein als Webhost ein weiteres Mal gegen ein paar Stunden Heiterkeit einzutauschen. Weder der strömende Regen noch die Schmach, noch nie ein Buch von J.K. Rowling in den Händen gehalten zu haben, konnten ihn davon abhalten, es sich im Kinosessel bequem zu machen und auf das Beste zu hoffen. Und wahrlich,... er sollte nicht enttäuscht werden.

Bereits zum dritten Mal ward unser Held schon bald verzaubert von den fantastischen Welten, die sich vor seinen Augen auftaten. Die Leinwand triefte buchstäblich vor originellen Ideen, die dem Host das Auge nicht zur Ruhe kommen liessen. Sicher, er war sich einiges (gutes, aber auch viel schlechtes) gewohnt von den Zauberern bei ILM, doch was sich da dem Beobachter bot, konnte zusammen mit der routinierten Akustik von John

Williams, den begabten Protagonisten und einer originellen Geschichte auf ganzer Linie überzeugen.

Schon bald war vergessen, das dies wohl eher ein Film für die Jüngeren sei, und der Host liess sich immer tiefer in die geheimnisvolle Welt hinter der weissen Leinwand entführen.

Bei seiner Reise bemerkte der Host immer wieder alte Bekannte und nicht ganz frische Details: Kristallkugeln, Werwölfe, Zeitreisen,... das hatte er doch schon so oft gesehen, noch nicht allzu lange her, und er wusste, da hatte jemand aber gehörig bei anderen geklaut. Dies tat jedoch seiner Erquickung keinen Abbruch. Nein, dieses Sammelsurium funktionierte: Nichts neues zwar, aber solide und spannende Unterhaltung.

Als sich der Host nach diesem Abenteuer aus dem Kinosessel schälte, hingen seine Gedanken noch einige Zeit der Vorstellung nach, wie es wohl wäre, wenn die «Star Wars» Prequels die Qualität einer Harry Potter Verfilmung erreichen würden. Aber dies bleibt wohl eine Wunschvorstellung. Die schon zu graue Eminenz im Hintergrund von «Star Wars», du weisst schon wer, ist wohl zu sehr dem eigenen Ego verfallen.

THE DAY AFTER TOMORROW

NOT RATED

Premiere: 26. May 2004
Director: Roland Emmerich
Cast: Dennis Quaid, Jake Gyllenhaal,
Emmy Rossum, Dash Mihok

29. May 2004

Da sollte sich Wolfgang Petersen warm anziehen. Was sein Landsmann Roland Emmerich mit «The Day After Tomorrow» («TDAT») präsentiert, übertrifft den lahmen Sandalenschinken «Troy» in allen Punkten bei weitem. Sicher, man könnte dem Film Prädikate wie «anspruchslos», «unrealistisch» «pathetisch» oder «kommerzieller Mainstream» anhaften... und man würde voll in's Schwarze Treffen. Nichtsdestotrotz erfüllt «TDAT» voll und ganz meine (hohen) Erwartungen und übertrifft sie sogar. Ich bin erleichtert.

Was die filmischen Stilmittel Inszenierung, Schnitt und Musik betrifft, habe ich in diesem Genre seit längerem keinen so perfekt inszenierten und kohärenten Film mehr gesehen. («The Lord of the Rings» ist eine Klasse für sich.) Schauspielerisch wird der Film voll und ganz von Dennis Quaid (wieder so einer der mit dem Alter immer besser zu werden scheint) und Jake Gyllenhaal getragen. Die beiden sorgen dafür, dass in der ganzen grandiosen CGI-Verwüstung der Film auch erzählerisch und dramaturgisch funktioniert. Vor allem erhält man als Zuschauer endlich wieder einmal ein paar klare Identifikationsfiguren, nicht so wie im Protagonisten-Müesli «Troy». Roland Emmerich, bekanntlich primär der Mann fürs Grobe, schafft es innert weniger Minuten, sämtliche Hauptcharaktere einzuführen und zu etablieren. (Etwas, was in «Troy» trotz einer Filmlänge von fast 3 Stunden nicht gelang.) Und Wenn ich schon dabei bin, Wolfgang Petersen ans Bein zu pinkeln: Was hat der gute Mann mit dem Budget von angeblich 180 Millionen Dollar gemacht? Betrachtet man, was Emmerich mit etwa 125 Millionen auf die Leinwand gebracht hat, erstaunt es schon, wo in «Troy» das Geld hingeflossen ist: Hektoliterweise Körperöl? Ein Echtholz-Mahagonipferd? Oder waren die ach so revolutionären Special Effects etwa überteuert?

A propos Effekte: in «TDAT» wurden die visuellen Effekte wieder einmal mit der ganz grossen Kelle angerührt doch das ganze bleibt dank der geschickten Erzählweise, stimmigem Tempo und Rhythmus und der erwähnten schauspielerischen Leistung immer Mittel zum Zweck und wird nie zu einem zusätzlichen Hauptdarsteller des Films. Angesichts dieser Massen von Effekten hat da jemand ein wirklich gutes Händchen gehabt, als der Film arrangiert wurde.

«The Day After Tomorrow» hat mir so gut gefallen, dass ich sogar über etwas Kitsch und Pathos am Ende hinwegsehe. (Ja ich wäre sogar enttäuscht, wenn's gefehlt hätte.)

Obwohl die Diskussion um die Realitätsnähe des Filmes in vollem Gange ist und Roland Emmerich zum Sprachrohr Kyotos gemach wird, scheint mir, dass der clevere Schwabe nur wieder nach einer unverfänglichen Motiv gesucht hat, erneut einen Desasterfilm zu drehen. Den Aliens in «Independence Day» wurde in die Rübe geschossen und das Publikum klatschte, der WWF schwieg, als Godzilla gejagt wurde und nun das Wetter als Bedrohung. Da kann man ja einfach keine moralischen Bedenken anbringen. Das ist sicher einfacher als einen Film über, sagen wir mal den elften September in die Kinos zu bringen.

Eine Warnung zum Schluss: Wer «Independence Day» nicht mochte, der sollte auch «TDAT» meiden. Denn was das dramaturgische Grundgerüst und den Rhythmus betrifft, sind die beiden Filme praktisch identisch.

Mit «The Day After Tomorrow» bietet das ganze Programm: Action, Drama, Humor und sogar einige kritische Seitenhiebe. Also alles, was ein Film braucht. Popcorn-Kino at its best! Der Kinosommer kann kommen!

KILL BILL VOL. 2

NOT RATED

Premiere: 16. April 2004
Director: Quentin Tarantino
Cast: Uma Thurman, David Carradine,
Michael Madsen, Daryl Hannah

19. May 2004

Nachdem meine Kritik zu «Kill Bill Vol. 1» doch eher mager aus-
fiel, möchte ich dem zweiten Volumen etwas mehr Platz widmen.
Dies scheint mir auch dadurch gerechtfertigt, da das zweite Volumen von «Kill Bill» sogar noch um einiges besser ist als der Vorgänger. Sicher, seit dem ersten Teil ist in Sachen gewalttätigem
Film einiges passiert (Gruss an Reverend Gibson), aber trotzdem könnte man den ersten Teil doch als ziemlich gewalt- und
schlitzer-lastig bezeichnen. Nicht dass mich das gestört hätte, im
Gegenteil. Doch gerade im Vergleich mit dem ersten Teil wirkt
«Kill Bill Vol. 2» geradezu philosophisch. Das liegt auch daran,
dass Tarantino endlich wieder mal einige seiner genialen Dialoge
präsentiert.

Der Umstand, dass Bill (David Carradine) den Superman-Comic
mal eben im sozialkritischen Umfeld analysiert, bevor er auf die

Braut schiesst, erinnert irgendwie an Samuel L. Jackson's Bibel-zitat in «Pulp Fiction».

Diese konstruierten und eigentlich völlig absurden Momente machen doch einen Tarantino-Film erst zum Erlebnis. Davon abgesehen ist «Kill Bill Vol. 2» perfekt arrangiertes Kino. Jede Einstellung wirkt bis auf's Letzte geplant und mit Liebe für's Detail umgesetzt. Übrigens durfte auch S. L. Jackson in «Kill Bill 2» nicht fehlen und auch sonst trifft man auf einige Über-raschungen in der Besetzung (Na ja, zumindest auf eine).

Viele Einstellungen und Charaktere sind erneut aus Klassikern entliehen. Diese Anspielungen vergrössern aber das Vergnügen nur noch, wobei ich nicht behaupten möchte, dass ich alle Zitate wiedererkannt habe.

Obwohl ich so ziemlich alles von Quentin Tarantino gesehen habe (einschliesslich einem Auftritt bei den «Golden Girls») und bereits über die relative Ernsthaftigkeit und Seriosität von «Jackie Brown» ziemlich gestaunt hatte, muss ich zugeben, dass ich von «Kill Bill Vol. 2» erneut enorm beeindruckt bin. Da ver-steht man plötzlich, warum Tarantino so lange an dem Werk her-umgebastelt hat.

Es gibt genug Gründe, um «Kill Bill Vol. 2» weiterzuempfehlen: Die überraschende Story, grandiose Charakterdarsteller, viel Humor, unzählige Filmzitate, herrliche Einstellungen und ein herausragender Soundtrack. Das einzige was ich am Film ver-misste, war Tarantino selber, obwohl ich das Gefühl habe ihn in einer Einstellung wenigstens gehört zu haben...

21 GRAMS

Premiere: 19. November 2003
Director: Alejandro G. Iñárritu
Cast: Sean Penn, Benicio Del Toro, Naomi
Watts, Danny Huston

19. May 2004

Ich habe es ja nicht anders verdient: Host@nidwirkli.ch, dachte
ich mir, es ist Zeit für einen seriösen Film, ohne Humor, Action
und vor allem ohne Halle Berry. Da ich mich dann doch nicht zu
einem europäischen Film durchringen konnte, ging ich eben in
«21 Grams». Eigentlich freute ich mich sogar auf den Film: Sean
Penn, Benicio Del Toro, eine Auszeichnung beim Venice Film
Festival, und eine nicht chronologische Story. Da kann man ja
nicht enttäuscht werden, denn zumindest letzteres bannte mich
bei «Memento» und «Identity» gleichermassen.

Denkste. Dieser Film kam mir länger vor als ein eine DVD Version von «The Return of the King». Ich verlange ja nicht unter
allen Umständen einen unterhaltenden Film. Doch so etwas
deprimierendes wie «21 Grams» habe ich mir schon länger nicht
mehr angetan.

Der Film fängt wirklich überzeugend an und weiss durch seine
achronologische Erzählweise zu fesseln - vielleicht für dreiviertel

Stunden. Danach wartete ich nur noch auf das Ende, ohne grosse Hoffnung auf ein «Surprise-Ending», da man ja in gewisser Weise das Ende vom Film schon am Anfang gesehen hat. (In diesem Punkt reicht «21 Grams» nicht an «Memento» heran. (Übrigens auch in keinem anderen Punkt.)

Während man anfangs noch herausgefordert wird, der Story zu folgen und zu erraten, wo auf der Zeitlinie man sich gerade befindet, verblasst diese Faszination spätestens dann, wenn man merkt, dass es eigentlich gar keine Rolle spielt, wo sich die Charaktere in der Geschichte gerade aufhalten, da sie während der ganzen Geschichte weder eine Wandlung noch einen signifikanten Höhepunkt beschreiben. So hatte ich das Gefühl, die vertrackte Erzählweise sollte nur über inhaltliche und filmische Schwächen hinwegtäuschen, was auf Dauer leider nicht gelingt.

Das Bitterste an diesem Kinoerlebnis ist, dass die Schauspieler von Sean Penn über Naomi Watts und Benicio Del Toro bis hin zu den Nebendarstellern wirklich sehr überzeugende Arbeit leisten.

Darum gebe ich einen Punkt für die Darsteller und einen für den Mut, das Experiment «21 Grams» scheitern zu lassen.

TROY

Premiere: 13. May 2004
Director: Wolfgang Petersen
Cast: Brad Pitt, Eric Bana, Orlando
Bloom, Julian Glover

17. May 2004

Gähn! Der nächste Bitte.

AMERICAN SPLENDOR

Premiere: 7. August 2003
Director: Shari Springer Berman, Robert Pulcini
Cast: Paul Giamatti, Shari Springer Berman, Harvey Pekar, Chris Ambrose

17. May 2004

Empfehlenswert. Vor allem jene, denen «Man on the Moon» gefallen hat, sollten diesen Leckerbissen nicht verpassen!

VAN HELSING

Premiere: 5. May 2004
Director: Stephen Sommers
Cast: Hugh Jackman, Kate Beckinsale,
Richard Roxburgh, Shuler Hensley

4. May 2004

Nach vergnüglichen fünf Minuten während der Anfangssequenz wird der Film echt schlecht. Da können auch keine Inside-Jokes mehr helfen. Dazu verwirrende Musik, die einem andauernd vormacht, man sitze in einem Indiana Jones Film.

RUNAWAY JURY

NOT RATED

Premiere: 17. October 2003
Director: Gary Fleder
Cast: John Cusack, Rachel Weisz, Gene
Hackman, Dustin Hoffman

4. May 2004

Nachdem ich in der Kritik zu «Big Fish» bereits Ewan McGregor
ein Kränzchen winden durfte, wird nun noch einem unterschätz-
ten Schauspieler diese «Ehre» zuteil: John Cusack.

Wie einst Tom Hanks vom harmlosen Comedy-Star zum ange-
sehenen Charakterdarsteller avancierte, entwickelt sich John
Cusack immer drängender zum ernst zu nehmenden Ensemble-
Player, der sich neben seinen Partnern in «Runaway Jury» Gene
Hackman und Dustin Hoffman nicht zu verstecken braucht. Wie
schon in «Identity» besticht er dabei vor allem durch seine ungemein sympathische Art und weniger durch differenziertes «Method Acting» – aber das spielt eigentlich auch gar keine Rolle.

Zwar wird man «Runaway Jury» in spätestens einem Monat
wieder vergessen haben, wer aber einer Hand voll wirklich guten
Schauspielern (allen voran ein herrlich fieser und zynischer
Gene Hackman) bei der Arbeit zusehen möchte, sollte sich diesen Streifen nicht entgehen lassen. Übrigens gab's schon lange

keinen so raffinierten und gleichzeitig humorvollen Justiz-Thriller mehr.

Und noch eins: Michael Chrichton sollte sich schämen. «Timeline» stinkt gegen «Runaway Jury» so gewaltig ab, dass nun wohl endgültig klar ist, dass er in diesem Jahrhundert das Rennen gegen John Grisham verloren hat. Ich habe zwar weder «Timeline» gesehen noch «Runaway Jury» gelesen, aber schliesslich ist das hier meine Website und hier schreib, ich was ich will.

STARSKY & HUTCH

Premiere: 5. March 2004
Director: Todd Phillips
Cast: Ben Stiller, Owen Wilson, Snoop
Dogg, Vince Vaughn

10. April 2004

Selten so gelacht. Ohne nennenswerte Erwartungen und ohne
je eine Folge der original «Starsky & Hutch» Serie gesehen zu
haben, ging ich in diesen Film – und war begeistert. Sicher,
«Starsky & Hutch» ist nichts weiter als eine Komödie im Buddy
Movie Stil. Aber was für eine. Ich bin mir nicht sicher ob es am
Timing, dem 70er Jahre Stil oder an den Darstellern liegt. Auf
jeden Fall stimmt an dem Film einfach alles. Zwar dient die Story
erwartungsgemäss nur als Vorwand, Owen Wilson und Ben
Stiller aufeinander losgehen zu lassen. Aber das funktioniert so
perfekt, wie ich es schon lange nicht mehr erleben durfte.

Das Team Stiller, Wilson, Dogg, Vaughn und Ferrell liefert zwar
nicht Gags am laufenden Band, versprüht aber nonstop Humor
und Charme. Und einige Gags sind wirklich zum totlachen.

Die Leichtigkeit und Ernstlosigkeit, mit der «Starsky & Hutch»
daherkommt ist eine Wohltat und eine wahre Kur für die Lachmuskeln. Man kommt sich vor, als schaue man den Beteiligten

des Films beim Drehen nur mal so über die Schulter und dürfe miterleben, was für einen Spass sie dabei hatten. Story, Dramaturgie und Spannungsbogen (die ich sonst für zwingend nötig erachte), werden dabei zur Nebensache, was dem Film aber überhaupt nicht schadet.

Wie immer, wenn ich das Gefühl habe, einem Film nicht gerecht werden zu können, beende ich diese Rezension in der Hoffnung, einen Teil meiner Begeisterung in die Weiten des Internets an meine unzähligen Leser (mehr als zwei sollten's inzwischen schon sein) gesendet zu haben.

BIG FISH

NOT RATED

Premiere: 9. January 2004
Director: Tim Burton
Cast: Ewan McGregor, Albert Finney,
Billy Crudup, Jessica Lange

10. April 2004

DUDIDUDI dudidudi DUDIDUDI dudidudi - BATMAAAAAN!
Na ja, die Titelmelodie der Batman Fernsehserie hat so ziemlich gar nichts mit «Big Fish» zu tun. Mir war nur danach, die
Kritik mal etwas anders in musikalischer Form zu beginnen und
bei dieser Gelegenheit ein Statement abzugeben, wie toll ich die
beiden Batman Filme, die von Tim Burton mit Michael Keaton in
der Hauptrolle realisiert wurden, finde. Hoppla, mit Tim Burton
sind wir ja doch schon beim Thema «Big Fish» angekommen.

Leider hat mich mit «Big Fish» einmal mehr ein Film enttäuscht,
in den ich die grössten Erwartungen hatte. Ein modernes Märchen mit tollen Schauspielern und einer Menge schwarzem
Humor stellte ich mir vor – und bekam das auch. Bis auf den
schwarzen Humor, der für meinen Geschmack etwas zu selten
und zu harmlos daherkommt.

Leider tritt die Story, die bisweilen an «Forrest Gump» erinnert , trotz cleveren Sprüngen in der Erzählweise etwas an der

Stelle. Man hat das Gefühl, es hätte mehr aus der originellen Idee gemacht werden können, Realität und Fiktion nebeneinanderzustellen und dabei immer mehr miteinander zu vermischen. Doch wenn der Film sich dem Ende nähert, merkt man, dass das fantastische Potenzial des Filmes anscheinend nicht ganz ausgeschöpft wurde und dass es das eben nun schon war.

Wenigstens wird man am Ende mit einem fantasievollen Schluss überrascht, das der Grundstimmung des Filmes wieder gerecht wird.

Zuvor spielen sich Ewan McGregor (der mich übrigens mit jedem Film mehr überzeugt, dass er wirklich ein Top-Schauspieler ist), Albert Finney (der ja tatsächlich vor etwa 30 Jahren den Hercule Poirot im «Mord im Orientexpress» gab*, wie ich zufälligerweise gestern mitbekam) und Billy Crudup, (den ich hingegen kaum wiedererkannte, seit er mich in «Almost Famous» begeisterte), …als hätte ich jetzt noch eine Ahnung, wie ich den Satz beenden wollte.

Auf jeden Fall ist die schauspielerische Leistung aller Beteiligten erwartungsgemäss grandig**.

Wenn ich mir «Big Fish» selbst aus dem Tim Burton Buffet schöpfen dürfte, hätte ich mir mehr Humor aus «Mars Attacks» und die stimmungsvoll düstere Atmosphäre aus «Sleepy Hollow» auf den Teller gepackt. Und natürlich hätte Halle Berry nicht mitspielen dürfen. Zwar kommt Sie gottlob in «Big Fish» auch so nicht vor, aber zu erwähnen, dass Halle Berry nicht mit-spielen sollte, schadet nie, egal in welchem Kontext.

Kurz: «Big Fish» sollten alle Fans des gemütlichen Fantasie-Familien-Films und Fans von Tim Burton gesehen haben. Aber ein Meisterwerk sollte man nicht erwarten, sonst wird man nur unnötig enttäuscht.

*) «eine Rolle geben». Eine Formulierung, die mir ganz und gar nicht passt, bei der mir immer alte Möchtegern-Diven aus dem deutschsprachigen Raum in den Sinn kommen, ich aber trotz-dem mal verwenden wollte, weil sie gerade in den Satzbau passte.

**) Wenn ich schon dabei bin, noch so eine furchtbare Wort-hülse, die ich gleich noch obendrauf gebe: «Grandig». Ich glaube das heisst so viel wie «grandios», bin mir aber nicht sicher, und für so eine Phrase verschwende ich nicht meine Zeit, in einem Duden nachzuschlagen, obwohl das längst erledigt wäre, wenn ich diese Erklärung nicht auch noch getippt hätte.

THE PASSION
OF THE CHRIST

NOT RATED

Premiere: 25. February 2004
Director: Mel Gibson
Cast: Jim Caviezel, Monica Bellucci, Maia
Morgenstern, Christo Jivkov

20. March 2004

Zu Beginn möchte ich den wohl heikelsten Aspekt dieses Filmes
ansprechen: Schon Wochen vor dem offiziellen Kino-Start von
«The Passion of the Christ» wurde in den Medien bereits disku-
tiert, ob die Darstellung im Film zulässig und biblisch-historisch
begründet sei, oder ob das ganze einfach nur einen Eklat dar-
stelle, der im Jahre 2004 nach Christus eigentlich gar nicht mehr
vorkommen dürfte.

Natürlich spiele ich auf die fragwürdige Tatsache an, dass Satan
in diesem Film von einer Frau (Rosalinda Celentano) verkörpert
wird. Vor einigen Wochen «feierten» wir den Tag der Frau. Und
trotz der zahlreichen Demonstrationen und Aktionen scheint es
heute noch immer eine verbreitete Meinung zu sein, dass Satan
eine Frau ist. Zahlreiche internationale Verbindungen und Komi-
tees sprachen von einem Rückschritt und einer Katastrophe. In
der heutigen Zeit sollte doch mit dem Vorurteil, dass die Frau

von Grund auf böse und Schuld an unserer Erbsünde sei, aufgeräumt sein. Trotzdem schreckte Mel Gibson nicht davor zurück, für die Rolle des Satans eine Frau zu wählen. Aufgrund der durch die biblische Vorlage begründeten dramaturgischen Mängel der Geschichte beschränkt sich die Hauptaussage des Films somit darauf, dass der Teufel eine Frau sein muss und indirekt allein für die Kreuzigung Christi verantwortlich ist.

In Tat und Wahrheit fand natürlich nie eine solche Diskussion statt, sondern es ging um die Frage, ob der Film nun antisemitisch sei oder nicht. Trotzdem wundere ich mich, dass bei dem ganzen Drama nicht auch die Frauen aus oben genanntem Grund auf die Barrikaden steigen,... oder die Römer, die nun nicht nur korrupt sind, sondern auch Jesus an's Kreuz getackert haben, natürlich erst, nachdem Sie ihn stundenlang genüsslich zu Hackfleisch gepeitscht hatten,... oder die Katholiken, weil Christus (Jim Caviezel, der aber irgendwie immer wie Ralph Fiennes schaut) im Film als apathischer, langweiliger und humorloser Egozentriker dargestellt wird. Da möchte man doch gleich aus der Kirche austreten.

Mal von dieser ganzen Chose abgesehen bleibt von «The Passion of the Christ» leider nicht allzu viel übrig, über das man eine Kritik schreiben könnte. Filmtechnisch gibt es eigentlich nicht viel auszusetzen, in den besseren Szenen erinnerte mich der Film sogar an «Face/Off» oder andere moderne Action-Streifen. Einzelne Szenen, die Rückblicke auf das frühere Leben Christi darstellen, vermitteln einem den Eindruck, dass Mel Gibson tatsächlich nicht nur religiöse, sondern auch einige filmische

Ansprüche an sein Werk gehabt hätte. Doch überzeugen konnte er mich davon nicht.

Durch die vielen, eigentlich interessanten Zeitlupeneinstellungen scheint der Film im ersten Drittel immer langsamer zu werden, bis er schliesslich thematisch und dramaturgisch auch wirklich stehen bleibt: Ich wollte es im Vorfeld ja nicht wahrhaben, aber der Film dreht sich tatsächlich hauptsächlich darum, wie Christus gequält und zerfetzt wird.

Abschliessend lässt sich nur eines mit Sicherheit über «The Passion of the Christ» sagen: Er wirft ganz klar zwei drängende Fragen auf:

1. Wäre «Deconstructing Jesus» nicht der treffendere Titel gewesen?

2. Was hätte wohl Tim Burton aus dem Stoff gemacht?

SCHOOL OF ROCK

NOT RATED

Premiere: 3. October 2003
Director: Richard Linklater
Cast: Jack Black, Mike White, Joan
Cusack, Adam Pascal

20. March 2004

Das war doch genau das, was ich nach «Monster» brauchte: Eine erfrischende Komödie mit solider, klassischer Dramaturgie, mit einem hervorragenden Hauptdarsteller: «School of Rock». Tatsächlich lebt der Film hauptsächlich von der physischen Präsenz von Jack Black, der zwar, wie schon in «High Fidelity» seine gewohnte Show abzieht,... aber eigentlich hätte mich auch alles andere enttäuscht.

Teilweise bewegen sich seine Luftgitarrensoli zwar fast am Rande des Nervigen, aber eben nur fast. So schafft es die sympathische Hauptfigur, zusammen mit der durchgehend überzeugenden Bande von Kids eine schöne Geschichte zu erzählen, bei dem die Kinder zwar meist im Schatten der Präsenz von Jack Black bleiben, jedoch nie vorgeführt oder bevormundet wirken.

Nebst Jack Black überzeugt auch Joan Cusack in ihrer Rolle als zugeknöpfte Rektorin mit obligatem Ausraster. Zusammen mit einem eingängigen Rock-Soundtrack, meist von Jack Black selber performt, ergibt sich ein harmloser, aber überzeugender und herzlicher Film, den ich jedem empfehlen kann, der den Hauptdarsteller und gute Musik mag.

Übrigens noch ein Stichwort zu Jack Black: «Tenacious D». Unter diesem Namen rockt Jack Black zusammen mit einem Partner Kyle Gass seit einigen Jahren in der Comedy- und Musikszene. Auf HBO lief unter diesem Namen sogar eine Comedy Serie. Viel hab ich davon zwar auch noch nicht mitgekriegt, der letzte Song «Tribute» gefällt jedoch sogar mir obwohl ich nicht behaupten kann, dass ich ein Rock'n'Roll Kenner wäre.

SCARY MOVIE 3

NOT RATED

Premiere: 23. October 2003
Director: David Zucker
Cast: Anna Faris, Charlie Sheen, Regina Hall, Pamela Anderson

20. March 2004

Na ja. Ich erinnere mich, wie lustig ich damals «Die Nackte Kanone» und die «Hot Shots» Filme fand. Grundsätzlich habe ich ja auch nichts gegen Parodien, es gab sogar eine Zeit, in der ich das Genre als mein Lieblingsgebiet erklärt hätte. Aber «Scary Movie 3» konnte mich nun einfach nicht vom Hocker reissen. Nicht, dass ich weiss nicht was für hohe Ansprüche an solche Komödien habe, aber wirklich lustig fand ich den Film nicht, obwohl einige Gags tatsächlich funktionierten. Aufgrund der Enttäuschung mag ich auch gar nicht mehr dazu schreiben.

Nicht mal die Hoffnung, dass ich nach den Credits noch mit einem wahren Super-Brüller-Witz belohnt werden würde, wie es doch früher mal bei solchen Filmen üblich war, wurde erfüllt. Schade, aber ich warte auf den nächsten Teil – vielleicht ist der ja besser.

MONSTER

NOT RATED

Premiere: 30. January 2004
Director: Patty Jenkins
Cast: Charlize Theron, Christina Ricci, Bruce Dern, Lee Tergesen

27. February 2004

Man hat es ja schon einige Male gehört und gelesen: Charlize Theron ist in «Monster» bis zur Unkenntlichkeit geschminkt und verzichtet somit auf ihr bis jetzt wohl herausragendstes Attribut: Ihr Aussehen. Eigentlich wollte ich es mir ja verkneifen, ebenfalls auf diesem Punkt herumzuhacken, denn der Film ist wirklich gelungen und die Leistungen der Hauptdarstellerin haben mich positiv überrascht, aber wenn ich schon mal dabei bin...

Gerade weil die Verwandlung von Charlize Theron in den Medien unerträglich in die Breite getreten wird, finde ich es erwähnenswert, dass «Monster» in erster Linie gar nicht den Hauptcharakter klassifizieren soll, sondern als Symbol für unerfüllte Träume und Hoffnungen fungiert. In ähnlicher Weise wie dieser doppeldeutige Titel funktioniert der ganze Film (ich stelle diese These mal einfach so in den Raum):

Schon durch die Titelgebung und das Make-up wird dem Zuschauer im Vorfeld unweigerlich klar gemacht, wer das

Monster ist und dass diese Bezeichnung ohne weiteres wörtlich genommen werden darf. (Dabei gehe ich davon aus, dass man vor dem Kinobesuch in etwa weiss, von was der Film handelt und nicht etwas wie «Hulk» oder «Gremlins» erwartet.)

Während sich die Story entwickelt, ändert sich aber diese Einstellung gegenüber dem Hauptcharakter. Jedoch wird hier nicht einfach der Täter zu Opfer gemacht, sondern das Ganze geschieht differenzierter: Obwohl der Charakter Aileen Wuornos (Theron) bis zum Schluss nie wirklich zur Sympathiefigur wird und man sich trotz anfänglichem Verständnis und Mitleid keinesfalls mit ihr identifizieren möchte, ist und bleibt sie der Mittelpunkt des Filmes und man akzeptiert ihre Rolle. Dabei dominieren weder Mitleid noch Abscheu gegenüber der Hauptfigur, sondern man übernimmt als Zuschauer die Rolle des Mitläufers wieder Willen, also den Part, den im Film Christina Ricci als Selby Wall verkörpert. Obwohl Wuornos dramaturgisch eindeutig die Identifikationsfigur darstellt, kann man ihr Verhalten nicht gutheissen, obwohl man anfänglich ihre Beweggründe gut nachvollziehen kann. Man treibt immer mehr von ihr weg hin zur Normalität und ist schlussendlich zufrieden mit dem Ende des Filmes, obwohl man doch der Hauptfigur zu Beginn ein Happy End gegönnt hätte.

Diese Widersprüchlichkeit zwischen Identifikationsfigur und Zuschauermoral macht wohl den Reiz von «Monster» aus und überzeugte zumindest mich.

LOST IN TRANSLATION

NOT RATED

Premiere: 3. October 2003
Director: Sofia Coppola
Cast: Bill Murray, Scarlett Johansson,
Giovanni Ribisi, Anna Faris

4. February 2004

A long time ago ist's schon her seit meiner letzten Kritik. Doch, doch, ich war schon im Kino, nur bin ich nicht dazu gekommen, zu jedem Film meinen Kommentar abzugeben. Darum hier nur ein kleiner Nachschub eines wirklich sehenswerten Films: «Lost in Translation».

Ich weiss nicht genau warum, aber Bill Murray wirkt einfach saumässig sympathisch. Obwohl ich ihn seit Jahren in keinem Kinofilm mehr gesehen habe (ausser in «Charlie's Angels»), schafft er es im Handumdrehen, seine Figur eines gealterten Schauspielers glaubwürdig und vor allem unglaublich komisch zu etablieren. Es scheint, als seien seit Ghostbusters-Zeiten keine zwei Jahre vergangen.

Die kulturellen Unterschiede zwischen Westen und Osten werden sorgfältig gezeigt und ohne zu übertreiben wirken die meisten Gags gerade dadurch, dass sie sich tatsächlich so abgespielt haben könnten.

Noch ein Wort zur weiblichen Hauptdarstellerin: Lange habe ich im Kino herumgegrübelt, wie diese Schauspielerin denn heisst (Ich hab nicht so genau aufgepasst beim Vorspann). Dann ist es mir endlich in den Sinn gekommen: Dominique Swain! Doch hoppla, da hatte ich mich gewaltig getäuscht. Es handelt sich in Wirklichkeit um Scarlett Johansson. Aber ähnlich sehen tun sich die beiden doch wirklich, oder lieg ich da völlig falsch?

So, bevor ich noch weiter in die Abgründe des semantischen Verfalls vordringe, mach ich Schluss mit dieser Kritik und warte auf bessere Zeiten.

PAYCHECK

NOT RATED

Premiere: 25. December 2003
Director: John Woo
Cast: Ben Affleck, Aaron Eckhart, Uma
Thurman, Michael C. Hall

2. February 2004

Trotz allen Mühen, die ich im Moment verspüre, eine vernünf-
tige Kritik zu schreiben, versuche ich es nochmal. Es wird doch
wohl möglich sein, über «Paycheck» einen ansprechenden Verriss zu schreiben?!

Es tut mir ja wirklich leid. Ich mochte «Broken Arrow», ich
liebte «Face/Off» und über «Bullet in the Head» kann ich wirklich nichts Schlechtes schreiben, da ich ihn nie gesehen habe.
Aber «Paycheck» konnte mich nun wirklich nicht überzeugen.
Bei Zeitreisegeschichten und ähnlichem werde ich sonst immer
schwach, aber im Vergleich zu «Paycheck» war «Bill and Ted's
excellent Journey» geradezu grosses Kino.

Ich muss zugeben, dass auch ich bei «Face/Off» das Gefühl
bekam, dass John Woo ein begabter Choreograph von Actionsze-
nen ist, der aus eigentlich simplen Plots etwas spezielles zaubern

kann, wenn man ihm nur genug Zeitlupeneinstellungen und einen gefüllten Taubenschlag zur Verfügung stellt.

Wenigstens die Tauben benutzte er auch in «Paycheck» wieder, doch damit hat's sich auch schon. Die Zeitreisestory an sich wäre ja interessant, doch die filmische Umsetzung dreht sich ständig im Kreis und sinkt bis zum Ende des Filmes auf ein gutes Mittelmass hinunter.

Noch so ein Opfer seines eigenen Erfolges scheint mir Ben Affleck zu sein: Seit er mit JLo zusammen war, kommt mir immer, wenn ich ihn auf der Leinwand sehe, dieses schreckliche Bild aus der L'Oreal-Werbung mit Affleck in den Sinn und ich bringe es einfach nicht mehr aus meinem Kopf. Sein filmisches Werk fand ich bis zu einem gewissen Punkt respektabel. So lange er nicht ganz ernst gemeinte Komödien oder ambitionierte Autorenfilme drehte fand ich's ganz OK. Doch seit er diesen ganzen Hollywood Glamour ausdünstet, kann ich ihn nicht mehr ernst nehmen. Vor kurzem sah ich «Jay and Silent Bob strike back», in dem Ben Affleck u.a. sich selber verkörperte. Das war wirklich lustig!

In «Paycheck» kommt er leider nicht an die Coolness eines John Travolta oder Nic Cage heran. Darum kann auch der Hauptdarsteller die Karre nicht aus dem Dreck des Mittelmasses ziehen.

Bleibt zu hoffen, dass a) Ben Affleck bald wieder ein Projekt zusammen Kevin Smith verwirklicht (wohl nicht sehr wahrscheinlich) und b) John Woo einen Werbespot für «Kentucky Fried Chicken» dreht. Der könnte dann laufen unter dem Namen «Poulet in the Head».

THE MATRIX – REVOLUTIONS

NOT RATED

Premiere: 5. November 2003
Director: Lana Wachowski, Lilly Wachowski
Cast: Keanu Reeves, Laurence Fishburne, Carrie-Anne Moss, Hugo Weaving

6. November 2003

Everything that has a Beginning has an End – Leider. Irgendwie habe ich mich bereits an das halbjährliche «Matrix» - Spektakel gewöhnt. Dummerweise suchte ich genau dieses «End» in «The Matrix – Revolutions» vergeblich. Jedenfalls das Ende, das ich mir vorgestellt hatte. «The Matrix» hat sich so weit in seine eigene mystische Welt hineinstilisiert, dass die Auflösung der diversen Anspielungen, Rätsel und Handlungssträngen nur enttäuschen konnte. Ähnlich wie man sich beim Horrorfilm bei der gruseligen Szene die Augen schliesst und die eigene Fantasie dabei so schreckliche Bilder produziert, wie sie nie auf die Leinwand gebracht werden könnten. So gesehen ist es wahrscheinlich sogar besser, dass die meisten Fragen unbeantwortet blieben. Leider erscheint «Reloaded» damit im Nachhinein als Mogelpackung, die viel mehr verspricht und and Mystik aufbaut, als schlussendlich vorhanden ist. Als ganzes ist «Revolutions» sicher nicht der beste der drei Filme, und als eigenständiger Film könnte er sowieso nicht bestehen.

ABER: Was die Action und Spannung angeht, habe ich selten so etwas energiegeladenes gesehen. Zumal ich nach «Reloaded» eine enorm hohe Erwartung an die Fortsetzung hatte. Was visuelle Ideen und Effekte angeht, übertrifft «Revolutions» seine Vorgänger, man könnte fast von einem Overkill sprechen. Mich auf jeden Fall hat es in den Kinosessel gedrückt und trotzdem wollte ich mehr und noch mehr. Was ich dann auch bekam: Der eigentliche Showdown erstreckte sich über fast zwei drittel des Filmes. Natürlich ist «Revolutions» auch visuell wieder ein Genuss: Obwohl man das CGI förmlich riecht, würde ich mir jedes Frame des Films an die Wand hängen. Leider wird's dann gegen Ende etwas kitschig – das hätte ich nun doch nicht erwartet. Es schien so, als würde man die Reihe gezwungenermassen zu einem Ende bringen. Verglichen mit dem Ideenreichtum und Anspruch, mit denen sich das Matrix - Universum auszeichnet, passt dieses Ende so gar nicht dazu.

Nichtsdestotrotz (wer hat eigentlich dieses Wort erfunden, tönt wie der Evil Twin von Nostradamus) – Als Fan fühlt man sich bei «Revolutions» zu Hause und, sein wir ehrlich, wenn man «Reloaded» gesehen hat, muss man nun einfach auch in diesen Film gehen – inevitable!

PS: Hier noch ein Tipp: Falls Ihr eine wirklich gelungene Kritik zu «The Matrix – Revolutions» und anderen Filmen lesen wollt, klickt zur kultigen Ain't it cool News Website!

KILL BILL VOL. 1

Premiere: 10. October 2003
Director: Quentin Tarantino
Cast: Uma Thurman, David Carradine,
Daryl Hannah, Michael Madsen

31. October 2003

Wie ein gutes Steak: Schön blutig und trotzdem voller Geschmack.

INTOLERABLE CRUELTY

Premiere: 10. October 2003
Director: Joel Coen, Ethan Coen
Cast: George Clooney, Catherine Zeta-Jones, Billy Bob Thornton, Geoffrey Rush

31. October 2003

George Clooney zeigt die Zähne: Was in «O brother where are thou?» die Schmiere in George Clooney's Haar war, ist hier sein herrlich irres Grinsen. Und meiner Meinung nach auch das Lustigste im ganzen Film. Meine Empfehlung: Sehen, sofort wieder vergessen und «The Big Lebowski» oder «Fargo» zur Schadensbegrenzung reinziehen.

FREDDY VS. JASON

NOT RATED

Premiere: 15. August 2003
Director: Ronny Yu
Cast: Robert Englund, Ken Kirzinger, Kelly Rowland, Monica Keena

31. October 2003

Ich gebe zu, ich bin kein wirklicher Fan dieses Genres. Und über Jason Vorhees habe ich noch keinen Film gesehen. Aber trotzdem: Lasst die Finger davon! Dieser Film ist weder gruselig noch lustig. Und wenn ich was blutiges sehen will, geh ich nochmal in «Kill Bill Vol. 1».

BAD BOYS II

NOT RATED

Premiere: 18. July 2003
Director: Michael Bay
Cast: Will Smith, Martin Lawrence,
Gabrielle Union, Jordi Mollà

10. October 2003

Oh yeah! Endlich hat das lange Warten ein Ende. «Bad Boys II» ist der kompromissloseste (Mainstream-) Actionkracher seit Jahren. Lange dachte ich, dieses High End Actiongenre sei irgendwo zwischen 09/11 und Wirtschaftskrise unwiderruflich verloren gegangen. Dieser Film beweist das Gegenteil. Michael Bay und Jerry Bruckheimer liefern denselben hirnlosen Entertainment-Mix, den man schon aus «The Rock» oder «Armageddon» kennt... und das ist gut so. Dabei spielt die Handlung nicht wirklich eine Rolle, die wilden Kamerafahrten und Zitate (Michael Bay klaut immer noch am liebsten bei sich selbst) lassen aber darüber hinwegsehen, schliesslich ist das ein Bruckheimer-Film und wer hier Anspruch und Feingeist erwartet, ist selber schuld. Zugegebenermassen geht's zeitweise ziemlich grob zur Sache und sogar ich fragte mich, ob's denn gleich so deftig sein muss... Ich denke ja. Nebenbei gibt's reichlich zu lachen, was vor allem Will Smith und Martin Lawrence zu verdanken ist. Obwohl «Bad Boys II» sauteuer und technisch hochprofessionell daherkommt, nimmt der Film sich nicht zu ernst, was das ganze wahrscheinlich auch erst erträglich macht. Obwohl der Film eine gewisse Überlänge aufweist (146 min), wird's dabei nicht langweilig – im Gegenteil: Gegen Ende des Films, wenn der Schauplatz von Miami nach Kuba wechselt, hatte ich das Gefühl, ich bekomme einen zweiten Film als Zugabe gratis dazu. «Bad Boys II» ist Kinovergnügen pur, wenigstens für alle, die sich noch mit solchem «Schund» anfreunden können. Alle anderen, die sich an den groben unnötigen Gewaltdarstellungen brüskieren, können ja darauf hoffen, dass nun bald ein anderer Wind in Hollywood weht, der solche Actionorgien per Gesetz verunmöglichen wird: Der neue Gouverneur von Kalifornien, A. Schwarzenegger wird schon dafür sorgen.

THE LEAGUE OF EXTRAORDINARY GENTLEMAN

NOT RATED

Premiere: 11. July 2003
Director: Stephen Norrington
Cast: Sean Connery, Stuart Townsend,
Peta Wilson, Jason Flemyng

4. October 2003

Die Idee, literarische Figuren in einer Geschichte zusammenzu-
bringen und sie mit vereinten Kräften gegen das Böse kämpfen
zu lassen, finde ich interessant. So genannte Crossovers sind in
Comics schon länger die Regel (spätestens seit die einzelnen Ver-
lage und Titel nicht mehr genug Zugkraft hatten, um eine breite
Leserschaft an sich binden zu können) und auch im Kino wird
man wahrscheinlich in Zukunft einige solcher Mischungen finden («Alien vs. Predator», «Freddy vs. Jason»). Im Falle der
«The League» wirkt leider der ganze Film wie ein Patchwork
von Einzelteilen, die nicht ganz zusammenpassen wollen. Die
Story weist keinen signifikanten Höhepunkt auf, und es lässt
sich kein nennenswerter Spannungsbogen erkennen. Actionszene ist an Actionszene gereiht, und das ganze kommt ziemlich
unmotiviert daher. Dabei scheint wirklich guter Wille vorhanden
gewesen zu sein: Viele nette Ideen, detailreiche Ausstattung und
solide Special Effects, und es wird sogar versucht, sämtlichen

Hauptcharakteren Tiefe zu verleihen, was einem als Zuschauer aber irgendwie gar nicht interessiert. Story, Schauspieler, Dramaturgie, Musik und Special-Effects sind allesamt respektabel, laufen aber alle wie ihren eigenen Spuren, ohne mit den anderen Elementen ein homogenes Ganzes zu bilden. Im Falle von «The League» sind die Einzelteile mehr als die Summe derselben. Leider. Das ganze hätte ein respektables Fantasy-Abenteuer werden können, scheiterte aber leider am Versuch, einen ernsthaften, eigenständigen Film zu liefern. In diesem Fall ziehe ich Franchise-Ware wie die Verfilmungen von Marvel Comics oder die «Matrix» Episoden diesem Versuch, etwas relativ neues zu liefern, vor. Insbesondere, da praktisch jede Szene in «The League» an Versatzstücke anderer Filme erinnert: «Indiana Jones», «Batman», «Hunt for the Red October», «Out of Africa», «Memories of an Invisible Man». Fazit: Obwohl der Film prima unterhält, kann ich ihn nicht wirklich ernst nehmen. Die eigentlich schönen Effekte täuschen nicht darüber hinweg, dass der Film irgendwie lieblos daherkommt. Zumindest langweilte man sich nicht bei diesem Film... ausser Sean Connery, dem es wahrscheinlich auch langsam zum Halse raus hängt, seit Jahren dieselbe Rolle in verschiedenen Filmen zu spielen.

IDENTITY

NOT RATED

Premiere: 25. April 2003
Director: James Mangold
Cast: John Cusack, Ray Liotta, Amanda
Peet, John Hawkes

27. September 2003

«Benny's World of Blood». So wurde in «From Dusk till Dawn»
der Liquor Shop von Pete Bottoms (verkörpert von John Hawkes)
genannt. Dieselbe Bezeichnung würde auch treffend zum Motel
passen, das Larry (gespielt von John Hawkes) in «Identity» lei-
tet. Viel mehr möchte ich gar nicht über den Plot dieses grandiosen Thrillers verraten. Gesagt sei nur so viel: Die Handlung entwickelt sich meist so, wie man es erwartet, nur eben nicht ganz;
und wenn doch, dann kommt's noch dicker als man es sich vorgestellt hat. Dies macht den Reiz von «Identity» aus. Souverän
wird mit den Erwartungen der Zuschauer gespielt. Man ist sich ja
schon so einiges gewohnt, wenn es darum geht, sich im Kino ver-
wirren zu lassen («The 6th Sense», «Fight Club», «The Others»
oder das unglaubliche Werk «Basic» sind nur einige, die ich hier
nennen möchte). Trotzdem gelingt es James Mangold immer
wieder, den Zuschauer auf eine falsche Fährte zu locken. Obwohl
ich genau das erwartet und erhofft hatte, wurde ich immer wieder auf's neue überrascht, ohne den Überblick über die Story zu
verlieren. (Nochmals einen Gruss an «Basic»). Die clevere Story

wird durch eine herrlich düster-verregnete Atmosphäre in ihrer Spannung noch verstärkt und die eher zurückhaltende, aber gekonnte Darbietung (so zurückhaltend man zumindest z.B. das Ersticken an einem Sportgerät spielen kann) sämtlicher Hauptakteure verunmöglicht es weitgehend, zu erahnen, wer überlebt und wer nicht. (Ich weiss, ich weiss, beim erwähnten «The 6th Sense» hat das Überraschungsmoment auch anders herum funktioniert.) Die Tüpfelchen auf dem o sind die interessanten Rückblende-Montagen am Anfang und der ansatzweise parallele Verlauf zweier Handlungen. So was kommt bei mir immer gut an. Wer also auf spannende, ansprechend inszenierte Thriller steht oder wissen möchte, ob es John Hawkes in diesem Film besser ergeht als in «From Dusk till Dawn» sollte «Identity» auf keinen Fall verpassen!

PS: Bis jetzt habe ich in allen Kritiken über «Identity» drei Wörter gelesen, die anscheinend in keiner Bewertung über diesen Film fehlen dürfen. Da ich noch einiges von professionellen Kritikern lernen kann, vervollständige ich mein Statement mit dem betreffenden Begriff: «Zehn kleine Negerlein».

PPS: Obwohl ich mich über Post freuen würde, möchte ich anfügen, dass ich mir bewusst bin, dass Agatha Christie's Roman «Zehn kleine Negerlein» neuerdings politisch korrekt unter dem Namen «...da waren's nur noch Neun.» erscheint.

PIRATES OF THE CARIBBEAN

NOT RATED

Premiere: 9. July 2003
Director: Gore Verbinski
Cast: Johnny Depp, Geoffrey Rush,
Orlando Bloom, Keira Knightley

24. September 2003

Endlich wieder mal eine Jerry Bruckheimer Produktion, die mich nicht gänzlich enttäuschte. Unterhaltung pur eben. Obwohl mich das ganze Piratenzeugs nicht sonderlich ansprach, überzeugte mich der Film als ganzes: Durchgestylt bis zum hintersten Smutje, Musik wie in «The Rock» (und ich meine wirklich genau so wie in «The Rock») und so üppig ausgestattet wie eine Aufführung von «Lord of the Dance» (Wahrscheinlich hinkt dieser Vergleich, ich hab «Lord of the Dance» nie gesehen). Doch was den Film wirklich sehenswert macht ist – natürlich – Johnny Depp, der selbstironisch und immer irgendwie verwirrt eine grandiose oder zumindest wahnsinnig unterhaltende Leistung bringt. Im übrigen fand ich die Stimme von Orlando Bloom faszinierend: immer irgendwie ausser Atem und dramatisch. Zusammen mit seinem Ausdruck in den Augen hat das irgendwas hypnotisches, was mich mit einer Frage im Hinterkopf im Kinosaal zurückliess: Wann läuft «The Return of the King» schon wieder in unseren Kinos an?

MATCHSTICK MEN

NOT RATED

Premiere: 12. September 2003
Director: Ridley Scott
Cast: Nicolas Cage, Alison Lohman, Sam
Rockwell, Bruce Altman

24. September 2003

Gleich zu Beginn: Das Beste an diesem Kinoabend war der
Kebab, den ich vor Filmbeginn verdrückte. Nicht dass «Matchstick Men» grottenschlecht wäre, der Kebab war einfach ziemlich gut. Fladenbrot, Zwiebeln und diese ominöse Sauce, das
schmeckte mir einfach. Und das ist der Punkt: Obwohl ich nicht
genau wusste, was ich da vorgesetzt bekam, war ich am Schluss
vollends zufrieden. Anders bei «Matchstick Men»: Je länger
der Film lief, desto weniger war ich mir sicher, was ich mir da
anschaute. War es ein herzallerliebster Cage Film à la «Family
Man» oder ein Verbrecherfilm, bei dem man, ähnlich wie bei
«Oceans Eleven», staunen darf, wie verdammt clever doch die
Hauptcharaktere sind? Diese Genre-Verwirrung wäre ja nichts
Schlechtes per se, doch der Charakter des Films leidet darun-
ter. Für eine Komödie zu wenig lustig, für einen guten Krimi zu
leichtfüssig. Und irgendwann im dritten Drittel wird einem noch
ein «Überraschungsende» untergeschoben, das dann jedoch
mit einem sogar in meinen Augen zu kitschigen Happy End ver-
wässert wird. Ich hoffe, Nicolas Cage gab hier nicht sein Bestes,

andernfalls wird er langsam alt. Obwohl er mit seinen Ticks zu überzeugen scheint, nahm ich ihm den Roy nicht ganz ab. Ich fand seine Performance ähnlich lustlos wie in «Windtalkers». Nie kam diese Präsenz, die er in «Leaving Las Vegas», «Con Air» oder «Face/Off» zeigte, zur Geltung. Ich vermute jedoch, dass auch das den Film nicht zu einem Meisterwerk gemacht hatte, denn Sam Rockwell's Darbietung war einzigartig und amüsant wie immer, und auch Alison Lohman überzeugte als Vierzehnjährige. Leider schien das alles nur nie zusammenzupassen. Am wenigsten das Osterei am Schluss des Films, das zwar noch einmal Schwung in die Handlung brachte, aber leider etwas aufgesetzt wirkte und die ganze Vater-Tochter-Identifikation mit den Hauptcharakteren zunichte machte. Ich geniesse Filme, die eine gewisse Aura, einen einheitlichen Charakter vermitteln, sei dies nun durch die Form oder den Inhalt. Bei «Black Hawk Down» und «Gladiator» ging's ja auch. Ich denke, es hatte dem Film schon gut getan, wenn auf die ständige Frank Sinatra Berieselung verzichtet worden wäre. Denn obwohl die Musik an alte Komödien des goldenen Hollywood Zeitalters erinnern, stören sie doch eher und geben dem Film eine etwas biedere Note. Was bleibt, sind die Gags auf kosten von Roy's Neurosen, die anfangs ja noch amüsant sind und die Leistungen der drei Hauptdarsteller. Die ganze Mischung hat jedoch zu wenig Substanz, um mich länger zu beschäftigen... Ganz anders der Kebab: Der liegt mir wahrscheinlich noch länger auf dem Magen.

THE MATRIX – RELOADED

NOT RATED

Premiere: 15. May 2003
Director: Lana Wachowski, Lilly
Wachowski
Cast: Keanu Reeves, Laurence Fishburne, Carrie-Anne
Moss, Hugo Weaving

1. January 2003

Meine erste Reaktion nach dem Film war: «Häh?». Vor allem
war mein Stolz etwas verletzt: Noch nie war es mir passiert, dass
weder meine Englischen Mündlich-, noch meine schriftlichen
Deutschkenntnisse dem Handlungsverlauf nachkamen. Die
Schlüsselszene, die mehr Fragen als Antworten lieferte, überforderte mich ganz einfach. Trotzdem bin ich begeistert vom Film,
auch wenn meine Erwartungen nicht ganz erfüllt wurden. Ich
denke, dem Film fehlt ein wenig der Rythmus oder Rhythmus, je
nach dem wie man das heute so schreibt. Ich hasse es zwar, Sätze
wie diesen zu schreiben, aber bei all den wirklich tollen Effekten
ging etwas das Feingefühl für das Gleichgewicht von Ruhe und
Action verloren. Bei der Kategorisierung von Actionfilmen ist
mir aufgefallen, dass «Matrix – Reloaded» kein richtiger Actionfilm ist. Jedem anderen Actionfilm dieses Formates ist es möglich, ein Equilibrium von Ruhe und Action herzustellen, nicht so
«Matrix – Reloaded». Der Film ist eher wie ein Virus, der von
einer Actionszene zur nächsten zieht, ohne wirklich Zeit für den

Aufbau des «Charakters» des Films zu geben... OK, OK, das war nun wirklich billig. Aber treffend. Ansonsten ist «Matrix – Reloaded» ein Must für alle Kinofans. Technisch brillant, die Schauspieler sind ansehnlich und über einen fehlende Story kann und will ich mich auch nicht beklagen. Ein Highlight des Filmes ist wieder einmal Hugo Weaving. (Ich glaube im übrigen, dass in Zukunft nur noch Hugo Weaving, Ian McKellen, Samuel L. Jackson und Colin Farrel für alle Parts in sämtlichen Hollywoodfilmen gecastet werden sollten. Reichen würde es eigentlich, und man müsste sich nicht immer umgewöhnen.) Auf jeden Fall freue ich mich auf den dritten Teil. Alle Fans sollten übrigens die Credits (bald als 2-stündiger Director's Cut auf DVD erhältlich) abwarten und den Trailer zu «Matrix – Revolutions» geniessen.

CONFESSIONS OF A DANGEROUS MIND

NOT RATED

Premiere: 24. January 2003
Director: George Clooney
Cast: Sam Rockwell, Drew Barrymore,
George Clooney, Julia Roberts

1. January 2003

Ich mag semi- oder pseudobiografische Geschichten. Insbesondere, wenn sie so unterhaltsam und zugleich visuell ansprechend
inszeniert sind. Zugegebenermassen, George Clooney hat bei
seinem Regiedebüt eindeutig auf den Stil seines Kollegen Steven
Soderberg zurückgegriffen. Aber wie man so schön sagt – lieber
gut geklaut als schlecht erfunden.

Der Hauptgrund, diesen Film zu schauen ist sein Hauptdarsteller: Sam Rockwell in der Rolle des Chuck Berris. Wer «The Green
Mile» gesehen hat, kann sich vielleicht noch daran erinnern, wie
herrlich abscheulich Rockwell den Wild Bill gespielt hat. Ziemlich arrogant und irgendwie immer etwas unangemessen ist er
auch in diesem Film, doch der Charakter des Chuck Berris zieht
einem eindeutig in seinen Bann. Allein seine Mimik ist unbezahl-
bar. Irgendwie sieht er zwar immer etwas dumm aus der Wäsche,
als wisse er nicht ganz, wie ihm im Film eigentlich geschieht,

gerade dies verleiht ihm jedoch einen Art Souveränität, die den Film und den Verlauf der Geschichte unterstützt und Berris als Identifikationsfigur erst möglich macht.

Ansonsten spielen alle bekannteren Schauspieler ihr gewohntes Spiel. Wenn man «Out of Sight» und «Ocean's Eleven» gesehen und vor allem gemocht hat, wird man sich wie bei alten Bekannten vorkommen. Sogar Brad Pitt hat einen Gastauftritt und geniesst es wieder einmal einfach, Brad Pitt zu sein.

Fin

ACKNOWLEDGMENTS

Thank you my old friends Bärti, Zeki and Myriam and all the other folks from back in the days for teaching me that I don't have to be an island, showing me after a long time of isolation that I might be worth a damn. Making me feel understood and welcome – in all my oddness – even today still, mostly from afar.

I'm lucky to be able to add two other entries to my list of friends I wouldn't want to miss for anything: Werni and Martin. Thank you for being out there, calling me a friend.

My thanks go out to two of my favorite sisters: To Alexandra, who managed to overcome her urge to stab me with a kitchen knife when we both were kids and for listening to me today – especially when she doesn't really have a clue what I'm texting about. And to Isabelle, for inspiring me in her pivotal role as the nurse of «Till Eulenspiegel» in an otherwise mediocre school play and for taking me to my first concerts, introducing me to some of the things I would later call my passion.

Thank you Mom, for loving me as only a mother can. Thank you Dad, for letting me into your live and connect to you, even if it took some time – helping me to avoid my own personal, but stale character-development cliché in the future.

INDEX

21 Grams 336

Ad Astra 20

A History of Violence. . . 238

Alien: Covenant 105

Alita: Battle Angel 41

American Splendor 339

Ant-Man 151

Ant-Man and the Wasp . . 66

Aquaman. 52

A Quiet Place 43

A Star Is Born 44

Avengers: Age of Ultron 156

Avengers: Endgame. 34

Avengers: Infinity War . . 77

Bad Boys II 365

Basic 72

Batman Begins 285

Batman v Superman . . . 145

Big Fish 345

Binge-worthy series in
    October 2017 95

Birdman 45

Black Mirror:
    «Bandersnatch» or why I
    broke up with Netflix . . 50

Black Panther 90

Blade Runner 2049 98

Bohemian Rhapsody 56

Bond 24. 148

Brokeback Mountain. . . 194

Broken Flowers 225

Capote 190

Captain Marvel. 38

Charlie and the
    Chocolate Factory 261

Cinderella Man. 252

Collateral. 319

Confessions of a
    Dangerous Mind 376

Crash 255

Daredevil Season 2 143

Darkest Hour 84

Dawn of The Dead 327

Deadpool. 142

Der Untergang 312

Doctor Strange 119

Drive 132

Dunkirk. 82

Elizabethtown. 228

Ex Machina. 154

Fantastic Four 269

Freddy vs. Jason. 364

Gantz:O 109

Get Out 86

Ghost in the Shell. 107

Glass 48

Good Night, and
   Good Luck 212
Grounding. 209
Guardians of the Galaxy
   Vol. 2. 106
Harry Potter and the
   Goblet of Fire 231
Harry Potter and the
   Prisoner of Askaban . . 329
Hellboy 316
High Rise 117
Identity 369
Independence Day:
   Resurgence. 129
Inferno 123
Inside Man 181
Intolerable Cruelty. 363
Iron Fist 101
Jarhead 158
Jessica Jones Season 2 . . 79
Jurassic World 152
Justice League 93
Kill Bill Vol. 1 362
Kill Bill Vol. 2 334
Kingdom of Heaven. . . . 273
King Kong. 215
Kiss Kiss, Bang Bang . . . 234
Kung Fu Hustle 294
Lady Bird 85
Land of the Dead 257

Logan. 110
Lord of War 188
Lost in Translation. 356
Luke Cage 124
Mad Max: Fury Road. . . 155
Mad Men. 55
Manhattan 139
Marvel's Daredevil
   Season 3 60
Marvel's Iron Fist
   Season 2 64
Match Point 205
Matchstick Men 372
Miami Vice 164
Mission Impossible 3. . . 176
Mission: Impossible –
   Rogue Nation 150
Monster. 354
Morgan 111
Mr. & Mrs. Smith 282
Mr. Robot 70
Munich 204
Nochnoj Dozor -
   Night Watch 248
Oats Studios 100
Once Upon a Time in...
   Hollywood 29
Paycheck 358
Pirates of the
   Caribbean 371

Pirates of the Caribbean 2 –
  Dead Man's Chest 169
Planet Terror 26
Ready Player One. 81
Roma. 46
Runaway Jury. 341
Saw 2 201
Scary Movie 3 353
School of Rock 351
Sin City 259
Sky Captain and the
  World of Tomorrow. . . 296
Snow White. 246
Solo: A Star Wars Story. . 68
Spider-Man:
  Far From Home. 31
Spider-Man:
  Homecoming 102
Starsky & Hutch. 343
Star Trek Beyond 126
Star Wars: Episode III. . 292
Star Wars: Rogue One. . 116
Star Wars: The Last Jedi. 92
Stay 177
Stealth 250
Superman Returns. 166
Syriana 184
TENET. 16
Terminator: Dark Fate . . 19
Thank You For Smoking 160

The Brothers Grimm . . . 243
The Chronicles
  of Narnia. 218
The Chronicles
  of Riddick 324
The Da Vinci Code 175
The Day After
  Tomorrow. 331
The Devil's Advocate 22
The Exorcism of
  Emily Rose 222
The First Avenger:
  Civil War. 140
The Force Awakens 147
The Hitchhiker's Guide to
  the Galaxy. 289
The Island 265
The League of Extraordinary
  Gentleman 367
The Legend of Zorro . . . 236
The Life and Death of
  Peter Sellers 299
The Life Aquatic with
  Steve Zissou 308
The Martian 149
The Matrix –
  Reloaded. 374
The Matrix –
  Revolutions 360
The Merchant of Venice 303

The Neon Demon 112
The Nice Guys 122
The Passion
  of the Christ 348
The Post 88
The Shape of Boring 89
The Terminal 310
The Village 322
Thor: Ragnarok 94
Three Billboards Outside
  Ebbing, Missouri 87
Tomorrowland 153
Troy 338
Valerian and the City of a
  Thousand Planets 99
Van Helsing 340
Venom 62
V for Vendetta 75
Walk the Line 198
Wallace & Gromit in The
  Curse of the
  Were-Rabbit 240
War of the Worlds 278
Whiplash 146
Wonder Woman 104
X-Men 3 171
X-Men: Apocalypse 136